Vorbereitung auf die Abschlussprüfung

Koch/Köchin

694 programmierte Übungsaufgaben
36 Aufgaben im Prüfungsübungssatz

von

Cornelia Geißler

2001
Verlag Gehlen · Bad Homburg vor der Höhe
Normtestbroschüre 86116

... weil auf Papier aus 100% chlorfrei gebleichtem Zellstoff gedruckt.

Verlag Gehlen GmbH & Co. KG
Daimlerstraße 12 · 61352 Bad Homburg vor der Höhe
Internet: http://www.gehlen.de
E-Mail: info@gehlen.de

Dieses Werk folgt der reformierten Rechtschreibung und Zeichensetzung. Ausnahmen
bilden Texte, bei denen künstlerische, philologische oder lizenzrechtliche Gründe einer
Änderung entgegenstehen.

Umschlagentwurf: Ulrich Dietzel · Frankfurt am Main

ISBN 3-441-**86116**-7

Satz: Bibliomania GmbH · Frankfurt am Main
Druck: Media Print

Vorwort

Dieses neu konzipierte Übungsbuch zur Vorbereitung auf die Abschlussprüfung des Koches/der Köchin orientiert sich am zurzeit gültigen Ausbildungs-Rahmenplan sowie dem schulischen Rahmenplan des KMK.

Anhand einer repräsentativen, fächerübergreifenden und lernfeldorientierten Aufgabenauswahl wird dem Lernenden eine umfangreiche Vorbereitung auf die Abschlussprüfung ermöglicht. Verschiedene Aufgabentypen wie Mehrfachwahlaufgabe, Zuordnungs- und Reihenfolgeaufgaben sowie lernfeldorientierte Rechenaufgaben müssen vom Lernenden gelöst werden.

Das Buch beginnt mit einem Fragenkomplex zum Ausbildungsbetrieb und zum Ausbildungsverhältnis und setzt sich fort in übergreifende Themengebiete wie Ernährungslehre, Hygiene, Arbeitssicherheit, Umweltschutz, Arbeitsgeräte usw. Dem folgen handlungsorientierte Aufgaben sowie einige Situationsaufgaben, die auf die 12 Lernfelder des Koches/der Köchin abgestimmt sind.

Die einzelnen Lernfelder werden durch Rechenaufgaben, Rechtsvorschriften und Fachausdrücke ergänzt. Alle Rechenaufgaben berücksichtigen den Euro.

Zur Lernkontrolle stehen übersichtlich angeordnete Lösungen bzw. Lösungswege (im Rechenbereich) zur Verfügung. An den Lösungsbeispielen auf den folgenden Seiten können Sie die Lösungstechnik der verschiedenen Aufgabentypen erkennen.

Das Prüfungsfach „Wirtschafts- und Sozialkunde" wird nur im beigefügten Prüfungsübungssatz berücksichtigt, der aber in der äußeren Form (Schuppensatz), um Umfang und Schwierigkeitsgrad mit der programmierten Abschlussprüfung bekannt macht. Zu einer gezielten und umfassenderen Vorbereitung auf das Fach „Wirtschafts- und Sozialkunde" dienen gesonderte Normtestbroschüren.

Ich wünsche Ihnen viel Glück für Ihre Abschlussprüfung!

Inhalt

Wichtige Hinweise zur Prüfung

1. Wann wird der/die Auszubildende zur Prüfung zugelassen?

– wenn der Prüfling den Nachweis der Teilnahme an der Zwischenprüfung führt
– wenn der Prüfling den Ausbildungsnachweis (Berichtsheft) dem Prüfungsausschuss vorlegt
– wenn der Prüfling sich schriftlich zum vorgegebenen Prüfungstermin angemeldet hat.
  Verspätete Anmeldung kann die Zurückstellung auf die nachfolgende Prüfung bewirken
– wenn die Ausbildungszeit nicht später als zwei Monate nach dem von der IHK festgelegten Prüfungstermin endet

2. Ist eine Zulassung zur Prüfung auch ohne Ausbildungsverhältnis möglich?

Bei Berufstätigkeit in dem Beruf, in dem die Prüfung abgelegt werden soll, von mindestens dem Zweifachen der Zeit, die als Ausbildungszeit vorgeschrieben ist, oder beim glaubhaften Nachweis des Erwerbs der entsprechenden Kenntnisse und Fertigkeiten, kann man „extern" zur Prüfung zugelassen werden.

3. Wie wird die Prüfung durchgeführt?

Die Abschlussprüfung ist in einen schriftlichen und einen praktischen Teil gegliedert.

3.1 Schriftliche Prüfungsfächer

3.1 Schriftliche Prüfungsfächer	Prüfungszeit maximal	240 Minuten
– Technologie	Prüfungszeit	90 Minuten
– Warenwirtschaft	Prüfungszeit	90 Minuten
– Wirtschafts- und Sozialkunde	Prüfungszeit	60 Minuten

– Rechnen ist in die Prüfungsbereiche integriert

3.2 Praktische Prüfung

3.2.1 Aus einem vorgegebenen Warenkorb soll der Prüfling ein
  – dreigängiges Menü für sechs Personen zubereiten und ein gastorientiertes Gespräch führen

3.2.2 Einen Arbeitsablaufplan erstellen und dabei zeigen, dass er
  – Maschinen und Gebrauchsgüter wirtschaftlich und ökologisch einsetzen,
  – Sicherheit, Gesundheitsschutz und Hygiene berücksichtigen,
  – Gäste beraten kann.

Der Warenkorb wird von der IHK spätestens vier Wochen vor der praktischen Prüfung bekanntgegeben. Der vom Prüfling erstellte Menüvorschlag wird „rechtzeitig", auch noch spätestens am Tage der Prüfung eingereicht.

Wichtige Tipps zur Prüfungsvorbereitung

Sie nähern sich mit Riesenschritten dem Abschluss Ihrer Ausbildung.

Prüfungsteile: Sie legen eine schriftliche (Prüfungsteil I) und eine praktische Prüfung (Prüfungsteil II) ab. Die Prüfungsgebiete kennen Sie aus der Ausbildungsordnung Ihres Berufes. Beide Prüfungsteile verfolgen unterschiedliche Zielsetzungen. Die schriftliche Prüfung dokumentiert den Erfolg Ihrer Ausbildungszeit, also einen abgelaufenen Zeitabschnitt. Die praktische Prüfung mit der situationsorientierten Aufgabe soll Rückschlüsse auf Ihr zukünftiges Verhalten als Fachkraft zulassen.

Unsere Hinweise sollen Ihnen helfen, die Vorbereitung auf die Abschlussprüfung möglichst effektiv und erfolgreich zu bewältigen.

1. Schriftliche Prüfung:

Selbstbewusst werden: Wenn Sie sicher in die Prüfung gehen wollen, ist das Wichtigste, dass Sie Ihr Selbstbewusstsein stärken. Das können Sie nur schaffen, indem Sie positiv denken, durch jeden Lernfortschritt sich selbst motivieren und insbesondere fest daran glauben, dass Sie die Prüfung erfolgreich bestehen werden.

Durchdacht planen: Zur gezielten Arbeit gehört eine überlegte Planung. Planen Sie zunächst einmal das Schaffen von räumlichen, zeitlichen und körperlich-seelischen Voraussetzungen.

Lernbedingungen optimieren: Sie erreichen wenig, wenn die Rahmenbedingungen nicht stimmen. Deshalb brauchen Sie einen eigenen und soweit wie möglich störungsfreien Arbeitsplatz – im Betrieb wie auch zu Hause – mit richtigem Lichteinfall und stimmiger Raumtemperatur. Halten Sie Ordnung in Ihrer Lernumgebung.

Biorhythmus beachten: Achten Sie auf Ihren Biorhythmus, sorgen Sie für ausreichend Schlaf und eine feste Tageseinteilung. Gemessen am durchschnittlichen Leistungsvermögen bringt die Lernzeit zwischen 07:00 und 11:00 Uhr bis zu 50 % erhöhte Leistungsfähigkeit, zwischen 17:00 und 21:00 Uhr bis zu 25 %. Kurze Pausen von etwa 5–10 Minuten – möglichst an frischer Luft – haben den besten Erholungswert. Sie sollten spätestens nach 30–40 Minuten eingelegt werden, weil dann die Konzentrationsfähigkeit nachlässt.

Ziele festlegen, Lernplan erstellen: Für die Vorbereitung sollten Sie feste Lernzeiten innerhalb der Wochen bis zur Prüfung reservieren. Das wirkt gegen zu viel Ablenkung und erleichtert Ihnen die Einstellung zum Lernen. Erstellen Sie den Lernplan als Tages-, Wochen- und Monatsplan. Für die Zielbestimmung orientieren Sie sich besser nicht an Lernzeiten, sondern vielmehr an Lerninhalten; denn wer sich an der Zeit misst, schaut öfter auf die Uhr, wer hingegen ein inhaltliches Ziel verfolgt, arbeitet in aller Regel mit größerer Konzentration.

Stärken und Schwächen feststellen: Stellen Sie am Beginn der Prüfungsvorbereitung fest, was Sie schon ganz gut können und wo Ihre persönlichen Schwachpunkte liegen. Überprüfen Sie Ihren Leistungsstand anhand Ihrer schulischen Leistungen oder durch eine entsprechende Einschätzung in einem Gespräch mit ihrem Ausbilder. Die Prüfungsanforderungen kennen Ihre Lehrer genauso wie Ihre Ausbilder.

Lernstoff aufbereiten: Eine der wichtigsten Voraussetzungen des Lernerfolgs ist neben dem konsequenten und disziplinierten Arbeiten entsprechend dem Lernplan das Zerlegen des Lernstoffes (strukturieren) in gehirngerechte Einheiten. Gliedern Sie dazu die einzelnen Sachthemen, die Sie erarbeiten wollen, also Ihre Lernziele, in möglichst kleine, überprüfbare Häppchen (Unterziele) und setzen Sie unter Aktivierung aller Sinne Lernhilfen ein, z. B. indem Sie Begriffe aus einem Text herausschreiben und diese durch ein Strichdiagramm miteinander vernetzen. Wechseln Sie auch die Lernbereiche: 4 Wochen nur Rechnungswesen hält niemand durch! Wenn Sie „nach Buch" lernen, unterstreichen Sie das Wichtigste. Markieren Sie so wenig wie möglich, denn bei zu vielen Unterstreichungen wird der Text wieder unübersichtlich. Richtschnur: Nur die Begriffe markieren, die für einen Spickzettel wichtig wären. Anhand der unterstrichenen Begriffe sollten Sie die Zusammenhänge mit eigenen Worten erklären können. Am besten sich laut vorsprechen! Das knüpft ein gedankliches Netz, das Überblick und Sicherheit zugleich gibt.

Regelmäßig wiederholen: Den so erarbeiteten Lernstoff sollten Sie nach etwa einer Woche zum ersten Mal wiederholen. Dauerhaftes Speichern ist nur durch Wiederholung zu sichern. Stellen Sie deshalb auch Fragen an Ihre Lehrer und Ausbilder, die im Zusammenhang mit den

Teilabschnitten stehen, die Sie gerade wiederholen. In Ihren Lehrplan sollten Sie von vorneherein die Wiederholungsphasen einplanen und diese auch konsequent einhalten. Keine Taktik des Verschiebens einreißen lassen!

Lernerfolg kontrollieren: Was von dem Gelernten hängen geblieben ist, sollten Sie kontrollieren. Dazu eignen sich besonders gut die Übungsaufgaben dieser Normtest-Broschüre, die Sie durcharbeiten sollten. Im abschließenden Drittel Ihrer Vorbereitungsphase sollten Sie zusätzlich noch drei Originalprüfungssätze der letzten Termine unter Bedingungen wie in der Prüfung bearbeiten, allerdings mit einer um 10–15 % verkürzten Bearbeitungszeit. Stellen Sie dann fest, wie viel Aufgaben Sie nicht richtig gelöst haben, sodass Sie selbst erkennen, bei welchen Sachverhalten Sie noch nicht sicher sind.

2. Praktische Prüfung:

Um auch im zweiten Teil der Prüfung zu einem guten Erfolg zu kommen und Stress soweit wie möglich zu vermeiden, sollten Sie sich auf diesen ebenfalls gezielt vorbereiten:

Sicherheit gewinnen: Die Praktische Prüfung verlangt von Ihnen, sich selbstbewusst darstellen zu können. Damit dies gelingt, müssen Sie nicht nur fachlich fit sein, sondern auch sich selbst im Griff haben. Bewertet wird nämlich nicht nur das Was (die fachlichen Inhalte), sondern auch das Wie (die Präsentation dieser Inhalte).

Selbstdarstellung lernen: Durch Üben im Rollenspiel mit Lernpartnern gewinnen Sie fachliche Sicherheit und die für den Prüfungsablauf erforderliche Geschicklichkeit in der Präsentation, sodass Sie das Was und das Wie erfolgreich verbinden können.

Situationsaufgabe auswählen: Bei den meisten kaufmännischen Abschlussprüfungen erhalten Sie als Prüfling 2–3 „praktische Situationen" zur Wahl. 15 Minuten Vorbereitungszeit haben Sie, um die gewählte Situationsaufgabe im anschließenden Gespräch fachlich richtig gelöst in ebenfalls 15 Minuten darzustellen. Sie sollen dabei zeigen, dass Sie sich in der vorgegebenen Situation als Fachkraft bewähren.

Gelassenheit aneigenen: Viele empfinden das Gast orientierte Gespräch unangenehmer als die vorangegangene schriftliche Prüfung. Was können Sie tun, um diesem Gefühl entgegenzuwirken? Bleiben Sie gelassen. Es wird nichts so heiß gegessen, wie es gekocht wird!

Prüfungsausschuss als Partner betrachten: Haben Sie einerseits Achtung vor dem Prüfungsausschuss, betrachten Sie ihn aber zugleich als Partner zum Erfolg und geben Sie ihm Gelegenheit, Ihre Leistungsfähigkeit richtig einzuschätzen.

Lampenfieber akzeptieren: Nehmen Sie hin, dass Sie in einer solchen außergewöhnlichen Situation unter „Anspannung" stehen. Dies ist völlig normal.

Praxisbeispiele heranziehen: Untermauern Sie Ihre Aussagen im Prüfungsgespräch mit anschaulichen Beispielen (z. B. aus dem eigenen Betrieb). Das baut Unsicherheiten ab und hilft Ihnen wirkungsvoller zu argumentieren.

Rückfragen: Fragen Sie höflich zurück, wenn Sie etwas nicht verstanden haben. Sie gewinnen dadurch nicht nur Zeit zum Überlegen, sondern oftmals versucht der Prüfer daraufhin verständlicher zu formulieren.

Fest an den Prüfungserfolg glauben: Wenn Sie diese Tipps berücksichtigen, haben Sie alle Grundlagen gelegt, die Abschlussprüfung erfolgreich zu bestehen. Wir wünschen Ihnen dazu viel Erfolg sowie das Quentchen Glück, damit alles bestens verläuft.

Musteraufgaben

Zum besseren Verständnis der Lösungstechnik sind im Folgenden alle Aufgabentypen, die im Kenntnisteil der Abschlussprüfung vorkommen können, dargestellt:

Mehrfachwahlaufgaben, Zuordnungsaufgaben, Reihenfolgeaufgaben und Rechenaufgaben in Offen-Antwort-Form.

1. Mehrfachwahlaufgabe

Eine Mehrfachwahlaufgabe besteht aus der Fragestellung (dem sog. Itemstamm) und (in der Regel) fünf Antwortmöglichkeiten. Davon ist im Normalfall nur eine richtig, die anderen werden als Distraktoren bezeichnet.

Tragen Sie nur die Lösungsziffer der richtigen Antwort in das Lösungskästchen ein.

Beispiel:

Es gibt einseitige und zweiseitige Rechtsgeschäfte. Bei welchem Beispiel handelt es sich um ein einseitiges Rechtsgeschäft?

1. Pachtvertrag
2. Schenkung
3. Kündigung
4. Leihvertrag
5. Werklieferungsvertrag

2. Zuordnungsaufgabe

Dieser Aufgabentyp besteht aus zwei Reihen von Daten (Begriffen, Fakten, Abläufen oder Regeln), die zueinander in Beziehung gesetzt werden müssen. Dabei enthält die Gruppe der Daten auf der linken Seite in der Regel mehr Alternativen. Die Lösungstechnik entspricht der der Mehrfachwahlaufgabe. Dabei wird jede Zuordnung getrennt gewertet.

Beispiel:

Ordnen Sie zu, indem Sie die Kennziffern von 3 der insgesamt 7 Quotienten in die Kästchen bei den Maßstäben für die betriebliche Leistung eintragen!

Quotienten

1. $\dfrac{\text{Produktionsmenge}}{\text{Arbeitsmenge}}$

2. $\dfrac{\text{Arbeitsmenge}}{\text{Produktionsmenge}}$

3. $\dfrac{\text{Ertrag}}{\text{Aufwand}}$

4. $\dfrac{\text{Kosten}}{\text{Ertrag}}$

5. $\dfrac{\text{Gewinn}}{\text{Kapitaleinsatz}}$

6. $\dfrac{\text{Aufwand}}{\text{Ertrag}}$

7. $\dfrac{\text{Kapitaleinsatz}}{\text{Gewinn}}$

Maßstäbe für die betriebliche Leistung

Produktivität   1

Wirtschaftlichkeit   3

Rentabilität   5

3. Reihenfolgeaufgabe

Bei diesem Aufgabentyp müssen (mindestens vier, höchstens jedoch neun) Elemente, die in ungeordneter Form vorgegeben sind, in die logisch oder zeitlich richtige Reihenfolge gebracht werden. Zur Lösung der Aufgabe müssen Sie zunächst das erste Element heraussuchen und in das dazugehörige Lösungskästchen die Ziffer 1 eintragen; dann müssen Sie das zweite Element heraussuchen und die Ziffer 2 eintragen etc.

Wie bei den Zuordnungsaufgaben, wird auch hier die Angabe jeder Ordnungsnummer gesondert bewertet.

Beispiel:

Bringen Sie die folgenden Konjunkturphasen in die richtige Reihenfolge, indem Sie die Ziffern 1 bis 5 in die Kästchen eintragen! (Beginnen Sie mit Depression!)

Depression	1
Boom	3
Aufschwung	2
Stagflation	5
Abschwung	4

4. Offen-Antwort-Aufgabe (gilt nicht für alle Berufe)

Dieser Aufgabentyp dient zur Überprüfung der Rechenfertigkeit. Im Gegensatz zu den bisher skizzierten Aufgabentypen werden hier keine Auswahlantworten vorgegeben. Vielmehr muss die Lösung errechnet und unmittelbar in die Lösungskästchen eingetragen werden.

Beispiel:

Die Frachtkosten im Monat März sind im Vergleich zum Vormonat um 8 1/2 % gestiegen und betragen jetzt 2.821,00 EUR.

EUR			Komma ↓	Ct.	
2	6	0	0	0	0

Wie viel Euro haben die Frachtkosten im Februar betragen?

Und nun wünschen wir Ihnen viel Erfolg!

1 Ausbildungsbetrieb und Ausbildungsverhältnis

1. Aufgabe

Ein Koch hat seine erste Stellung im Restaurant „Zur Krone" angetreten. Welche Unterlagen muss er zu seinem Arbeitsbeginn unbedingt seinem Chef vorlegen?

1. Polizeiliches Führungszeugnis, Lohnsteuerkarte
2. Lohnsteuerkarte, Berichtsheft
3. Lohnsteuerkarte, Versicherungsnachweisheft
4. Versicherungsnachweisheft, Polizeiliches Führungszeugnis
5. Gesellenbrief, Lohnsteuerkarte

2. Aufgabe

Welche Institutionen haben den gesetzlichen Auftrag, die Durchführung des Jugendarbeitsschutzgesetzes zu überwachen?

1. Industrie- und Handelskammern
2. Arbeitgeberverbände
3. Gewerkschaften
4. Gewerbeaufsichtsämter
5. Landesministerien für Arbeit und Sozialordnung

3. Aufgabe

Was versteht man unter dualer Ausbildung?

1. Betriebliche Ausbildung plus überbetriebliche Ausbildung
2. Betriebliche Ausbildung plus Berufsschule
3. Betriebliche Ausbildung plus berufliche Fortbildung
4. Berufsfachschule plus Betriebspraktikum
5. Umschulungskurs plus Volontärzeit

4. Aufgabe

Wie wird ein Hotel- und Gaststättenbetrieb nach der Art der erstellten Leistungen definiert?

1. Als Verbrauchsgüter- und Handelsbetrieb
2. Als Sachleistungs- und Dienstleistungsbetrieb
3. Als Handels- und Produktionsmittelbetrieb
4. Als Handwerks- und Verbrauchsgüterbetrieb
5. Als Produktions- und Handelsbetrieb

5. Aufgabe

In welche drei Hauptbereiche wird ein Hotelbetrieb aufgegliedert?

1. Verwaltung, Etage, Bewirtung
2. Buchhaltung, Beherbergung, Bewirtung
3. Logis, Küche, Verwaltung
4. Beherbergung, Bewirtung, Verwaltung
5. Restaurant, Verwaltung, Empfang

6. Aufgabe

Welche Abteilung gehört zum Beschaffungsbereich eines Hotelbetriebes?

1. Küche
2. Etage
3. Einkauf
4. Revision
5. Restaurant

7. Aufgabe

Welche Personengruppe ist der Produktionsabteilung zuzuordnen?

1. Empfangspersonal
2. Etagenpersonal
3. Servierpersonal
4. Küchenpersonal
5. Büropersonal

---

8. Aufgabe

Welcher Betriebseinrichtung ordnen Sie das interne Personal zu?

1. Empfang
2. Küche
3. Restaurant
4. Büfett
5. Bar

---

9. Aufgabe

Welche Betriebsabteilungen müssen unbedingt kooperativ zusammenarbeiten?

1. Küche – Büro
2. Büro – Restaurant
3. Etage – Magazin
4. Empfang – Magazin
5. Büfett – Restaurant

---

10. Aufgabe

Welche wirtschaftlichen Bedingungen müssen bei der Planung der Küchenräume, Vorrats- und Lagerräume einschließlich ihrer Einrichtungen unbedingt berücksichtigt werden?

1. Jede Küchenabteilung muss ihre eigene Speisenausgabe in das Restaurant haben
2. Die Planung muss in Relation zu den Gastplätzen im Restaurant stehen
3. Die Planung muss in Relation zu der Gesamtzahl des Hotelpersonals stehen
4. Räumlichkeiten und Einrichtungen müssen an Produktionsüberkapazitäten gemessen werden
5. Räumlichkeiten und Einrichtungen müssen an Produktionsunterkapazitäten gemessen werden

---

11. Aufgabe

In welcher Gruppe von Betrieben werden nur Dienstleistungen erbracht?

1. Konditorei, Stehausschank
2. Partyservice, Supermarkt
3. Restaurant, Hotel garni
4. Wechselstube, Metzgerei
5. Bank, Weinhandlung

---

12. Aufgabe

Was wird im Gastgewerbe unter der Lohnart „Gleitlohn" verstanden?

1. Troncanteil plus Prozentanteil vom Trinkgeld
2. Tariflicher Mindestlohn plus Prozentanteil von der Umsatzbeteiligung für Service (Bedienungsgeld)
3. Tariflicher Mindestlohn plus Prozentanteil vom Trinkgeld
4. Feststehendes Arbeitsentgelt plus Arbeitgeberzulage für vermögensbildendes Sparen
5. Tariflicher Mindestlohn plus Naturallohn aus der Gewährung von Unterkunft und Verpflegung

---

13. Aufgabe

Tarifverträge werden von Institutionen ausgehandelt und abgeschlossen. Kennzeichnen Sie

die Tarifpartner für das
Hotel- und Gaststättengewerbe mit
einer 1

nicht zutreffende Institutionen mit
einer 2

Deutscher Hotel- und Gaststättenverband	1
Verband der Köche Deutschlands	2
Deutscher Fremdenverkehrsverband	2
Gewerkschaft Nahrung und Genuss	1
Verband der Serviermeister und Restaurantfachkräfte	2

14. Aufgabe

Zwischen den Tarifpartnern werden „Manteltarifverträge" und „Lohntarifverträge" abgeschlossen.

Kennzeichnen Sie

Inhalte des Manteltarifvertrages
mit einer 1

Inhalte des Lohn- und Gehalts-
tarifes mit einer 2

Stundenlohn	2
Mehrarbeit	2
Arbeitszeit	1
Kündigungsfristen	1
Feiertags- und Nachtzuschläge	2
Urlaub	1

15. Aufgabe

Was regelt der schuldrechtliche Teil des Tarifvertrages für die Tarifpartner?

1. Arbeitszeit, Urlaub, Arbeitsbedingungen
2. Arbeitsfrieden, Einwirkungspflicht, Schlichtungsklauseln
3. Lohn, Gehalt, Lohnfortzahlung
4. Arbeitssicherheit, Mutterschutz, Jugendarbeitsschutz
5. Mitbestimmung, Feiertagsregelung, Versicherungsschutz

▶ 2

16. Aufgabe

Welche Organisation innerhalb des Gaststättengewerbes vertritt die Interessen im internationalen Bereich?

1. DEHOGA – Deutscher Hotel- und Gaststättenverband
2. IGV – Internationaler Gewerkschaftsverband
3. IHA- Internationale Hotelassociation
4. VDK – Verband der Köche Deutschlands
5. GNGG – Gewerkschaft Nahrung, Genuss, Gaststätten

▶ 1

17. Aufgabe

Wer darf verbindliche Auskünfte in lebensmittelrechtlichen Fragen erteilen?

1. Lebensmittelchemiker
2. Lebensmittelsachverständiger
3. Fachverbände
4. Amt für öffentliche Ordnung
5. Industrie- und Handelskammer

18. Aufgabe

Welcher Betrieb gehört zu den Beherbergungsbetrieben?

1. Gasthof
2. Raststätte
3. Wirtshaus
4. Speisehaus
5. Gaststätte

19. Aufgabe

Welcher gastgewerbliche Betrieb ist ein reiner Nebenbetrieb?

1. Hotel garni
2. Imbissstube
3. Straußwirtschaft
4. Probierstube
5. Schnellgaststätte

20. Aufgabe

Ordnen Sie zu, indem Sie die Kennziffern von 4 der insgesamt 7 Einteilungsmerkmale für Hotelbetriebe in die Kästchen bei den Hotelbetrieben eintragen!

Einteilungsmerkmale für Hotelbetriebe

1. Aufenthaltsdauer
2. Güteklassen
3. Unternehmensform
4. Verkehrsmittelorientierung
5. Standortorientierung
6. Wirtschaftsprinzipien
7. Grad der Leistungen

Hotelbetriebe

Stadthotel Kurhotel	☐
Hotel garni Vollhotel	☐
Motel Bahnhofshotel	☐
Passantenhotel Familienhotel	☐

Situation zur 21. bis 26. Aufgabe

Frank Möller ist 17 Jahre alt und möchte eine Ausbildung als Koch im Restaurant „Zur Krone" beginnen. Er absolviert zunächst ein zweiwöchiges Praktikum und bewirbt sich dann um einen Ausbildungsplatz in diesem Betrieb.

21. Aufgabe

In welchem Gesetz ist Franks Berufsausbildung zum Koch geregelt?

1. Im Berufsausbildungsförderungsgesetz
2. Im Jugendschutzgesetz
3. Im Jugendarbeitsschutzgesetz
4. Im Berufsbildungsgesetz
5. Im Betriebsverfassungsgesetz

22. Aufgabe

Wie lange dauert Franks Probezeit?

1. Mindestens 3 Monate, höchstens 1 Jahr
2. Mindestens 2 Monate, höchstens 6 Monate
3. Mindestens 1 Monat, höchstens 6 Monate
4. Mindestens 1 Monat höchstens 3 Monate
5. Die Probezeit ist nicht gesetzlich geregelt

23. Aufgabe

Zu welchem Zeitpunkt muss Frank den Berufsausbildungsvertrag spätestens abgeschlossen haben?

1. Während der Probezeit
2. Nach Ablauf der Probezeit
3. Vor Beginn der Berufsausbildung
4. Mit dem Beginn der Berufsausbildung
5. Nach Ablauf des ersten Ausbildungshalbjahres

24. Aufgabe

Welche Aussage trifft für Franks Berufsausbildungsvertrag zu?

1. Er kann den Vertrag mündlich abschließen
2. Er braucht den Vertrag nicht zu unterschreiben
3. Sein Ausbilder muss den Vertrag unterschreiben
4. Der Vertrag muss nur von Frank unterschrieben werden
5. Der wesentliche Inhalt des Vertrages ist schriftlich festzuhalten

25. Aufgabe

Aus welchem Grund kann Frank keinen rechtsgültigen Vertrag abschließen?

1. Frank ist nur beschränkt rechtsfähig und kann deshalb den Vertrag nicht unterschreiben
2. Frank muss bis zum 18. Lebensjahr eine Schule besuchen
3. Frank besitzt nur die beschränkte Geschäftsfähigkeit, deshalb ist dieser Vertrag ohne die Zustimmung der Eltern schwebend unwirksam
4. Frank ist geschäftsunfähig und darf keine Ausbildungsverträge abschließen
5. Frank muss erst die Probezeit überstehen

26. Aufgabe

Innerhalb welcher Frist kann Frank bzw. sein Ausbilder den Ausbildungsvertrag ohne Angaben von Gründen kündigen?

1. Innerhalb von 4 Monaten nach Beginn der Ausbildung
2. Überhaupt nicht
3. Innerhalb von 5 Monaten nach Beginn der Ausbildung
4. Innerhalb der Probezeit
5. Erst nach einem halben Jahr

27. Aufgabe

Welche Voraussetzung muss für die Zulassung zur Abschlussprüfung gegeben sein?

1. Die Zustimmung der Eltern
2. Ausreichende Leistungen in der Berufsschule
3. Abgelegte Zwischenprüfung und ordnungsgemäß geführtes Berichtsheft
4. Bescheinigung der Berufsschule
5. Bestandene Zwischenprüfung

28. Aufgabe

Ein Auszubildender hat mit seiner 3-jährigen Ausbildung am 01. Februar 2001 begonnen.

Wann wird sein Ausbildungsverhältnis enden?

1. Am 01. 02. 2004
2. Nach der schriftlichen Prüfung
3. Am 01. September 2003
4. Nach Bestehen der schriftlichen und praktischen Prüfung
5. 01. 01. 2004

29. Aufgabe

Bei Nichtbestehen der Abschlussprüfung besteht die Möglichkeit, diese zu wiederholen.

Wie oft ist das möglich?

1. Einmal
2. Zweimal
3. Gar nicht
4. Dreimal
5. So lange bis die Prüfung bestanden ist

30. Aufgabe

In welchem Fall kann ein Auszubildender das Ausbildungsverhältnis nach der Beendigung der Probezeit kündigen?

1. Er muss keine Gründe angeben
2. Er kann kündigen wann immer er will, ohne jegliche Gründe
3. Bei ungenügenden Leistungen in der Berufsschule
4. Nach längerer Krankheit
5. Bei einem Berufswechsel

2 Ernährungslehre

31. Aufgabe

Lebensmittel enthalten für den Körper wichtige Aufbaustoffe. Wie nennt man diese Stoffe mit dem Sammelnamen?

1. Mineralstoffe
2. Spurenelemente
3. Nährstoffe
4. Ballaststoffe
5. Reglerstoffe

32. Aufgabe

In der Ernährung spricht man von Stoffwechsel. Was versteht man darunter?

1. Der Übergang von Diätkost zur Normalkost
2. Der Übergang von vegetarischer Kost zur Normalkost
3. Das Umsetzen der Nährstoffe in körpereigene Energie
4. Das Umsetzen der Ballaststoffe in verwertbare Energie
5. Das Wechseln von tierischer zu pflanzlicher Kost

33. Aufgabe

Warum sind Geschmacks-, Duft- und Aromastoffe unverzichtbare Bestandteile von Nahrungsmitteln?

1. Weil sie wichtige Aufbaustoffe für die Körperzellen sind
2. Weil sie Appetit und Sekretion von Verdauungssäften anregen
3. Weil sie als wichtige Ergänzungsstoffe zur Erhaltung der Stoffwechselvorgänge beitragen
4. Weil sie als Schutzstoffe gegen Infektionen durch Bakterien wirken
5. Weil sie neben den Ballaststoffen die Darmtätigkeit fördern

34. Aufgabe

Was versteht man in der Ernährungslehre unter Ballaststoffen?

1. Alle schädlichen Genussmittel
2. Alle unverdaulichen Stoffe
3. Alle sättigenden Stoffe
4. Alle wichtigen Reizstoffe
5. Alle körpereigenen Abwehrstoffe

35. Aufgabe

Was bezeichnet man in der Ernährung als Spurenelemente?

1. Als Spurenelemente werden alle chemischen Elemente bezeichnet
2. Spurenelemente sind die Elemente, die zur Körperfunktion in geringen Mengen gebraucht werden
3. Spurenelemente sind die für den Körper wichtigen anorganischen Verbindungen
4. Spurenelemente sind die Stoffe im Körper, die ihn widerstandsfähig machen
5. Spurenelemente ergeben den wichtigen Salzgehalt im Körper

36. Aufgabe

Welcher Zuckerstoff gehört zu den Einfachzuckern?

1. Milchzucker
2. Malzzucker
3. Rohrzucker
4. Fruchtzucker
5. Dextrin

(37) Aufgabe

Welches Enzym baut die Stärke in Malzzucker ab?

1. Pepsin
2. Trypsin
3. Lipase
4. Amylase
5. Erepsin

▶ ☐

---

38. Aufgabe

Aus welcher Gruppe chemischer Elemente bestehen die Kohlenhydrate?

1. Wasserstoff, Stickstoff, Kohlenstoff
2. Kohlenstoff, Sauerstoff, Wasserstoff
3. Kohlenstoff, Phosphor, Schwefel
4. Calcium, Schwefel, Sauerstoff
5. Kohlenstoff, Wasserstoff, Kalium

▶ ☐

---

39. Aufgabe

Welches Lebensmittel ist reich an Stärke?

1. Aubergine
2. Obst
3. Rindfleisch
4. Kartoffeln
5. Blumenkohl

▶ ☐

---

40. Aufgabe

Welches Kohlenhydrat wird vom menschlichen Körper nicht verdaut?

1. Malzzucker
2. Traubenzucker
3. Stärke
4. Fruchtzucker
5. Cellulose

▶ ☐

---

41. Aufgabe

Nach der Herkunft der Fette unterscheidet man tierische und pflanzliche Fette.

Kennzeichnen Sie die tierischen Fette mit einer 1, die pflanzlichen Fette mit einer 2!

1. Sojaöl	☐	5. Tran	☐
2. Butter	☐	6. Griebenschmalz	☐
3. Margarine	☐	7. Talg	☐
4. Olivenöl	☐	8. Rapsöl	☐

42. Aufgabe

Man unterscheidet zwischen gesättigten und ungesättigten Fettsäuren. Welches Fett enthält überwiegend ungesättigte Fettsäuren?

1. Gänseschmalz
2. Schweineschmalz
3. Rinderfett
4. Pflanzenfett
5. Milchfett

43. Aufgabe

Aus welchen Bausteinen ist Fett aufgebaut?

1. Aminosäuren/Fettsäuren
2. Fettsäuren/Glyzerin
3. Glykogen/Glyzerin
4. Glyzerin/Aminosäuren
5. Phosphorsäuren/Fettsäuren

44. Aufgabe

Fette haben die Eigenschaft zu emulgieren. Was heißt das?

1. Fette sind leichter als Wasser; schwimmen im Wasser oben
2. Fette sind in Wasser nicht löslich; wasserunlöslich
3. Fette können in feinster Verteilung mit Wasser eine Verbindung eingehen; verbindungsfähig
4. Fette sind in Äther unlöslich
5. Fette sind in Äther löslich

45. Aufgabe

Welches Enzym wirkt innerhalb der Verdauung fettspaltend?

1. Erepsin
2. Amylase
3. Lipase
4. Maltase
5. Trypsin

46. Aufgabe

Die Nährstoffe sind aus den Elementen C – H – O aufgebaut. Welches Element ist außerdem in den Eiweißstoffen enthalten?

1. Eisen
2. Phosphor
3. Fluor
4. Jod
5. Stickstoff

47. Aufgabe

Wie heißen die Zwischenprodukte beim Aufbau der Eiweißstoffe?

1. Albumin
2. Hämoglobin
3. Aminosäure
4. Phosphorsäure
5. Glykogen

48. Aufgabe

Was heißt biologisch vollwertige Eiweißstoffe?

1. Die Eiweißstoffe haben nach dem Ausnutzungsgrad im Körper ihren Wert erhalten
2. Der biologische Wert der Eiweißstoffe wird nach der Herkunft gemessen
3. Der biologische Wert der Eiweißstoffe wird nach dem Stickstoffgehalt errechnet
4. Die Eiweißstoffe wirken biologisch auf die Verdauungsorgane
5. Die Eiweißstoffe enthalten alle Elemente, die für den Körperaufbau wichtig sind

49. Aufgabe

Wodurch können Eiweißstoffe gerinnen?

1. Durch Einwirkung von Sauerstoff/Säuren
2. Durch Einwirkung von Stickstoff/Laugen
3. Durch Einwirkung von Laugen/Sauerstoff
4. Durch Einwirkung von Säuren/Stickstoff
5. Durch Einwirkung von Kälte/Sauerstoff

50. Aufgabe

Welche Durchschnittsmenge an Eiweiß benötigt ein Mensch je Tag?

1. 1 Prozent vom Körpergewicht
2. 1 Promille vom Körpergewicht
3. 1/2 Gramm je Kilogramm Körpergewicht
4. 1 Gramm je Kilogramm Körpergewicht
5. 2 Gramm je Kilogramm Körpergewicht

51. Aufgabe

Was versteht man unter Klebereiweiß?

1. Klebereiweiß sind die pflanzlichen vollwertigen Eiweißstoffe
2. Der Eiweißgehalt des Getreidekorns
3. Das aus Knochen gewonnene Eiweiß
4. Die schleimigen Eiweißstoffe tierischer Nahrung
5. Alle Eiweißstoffe, die an der Luft gerinnen

52. Aufgabe

Ordnen Sie zu, indem Sie die Kennziffern von 2 der insgesamt 5 Nährstoffe in die Kästchen bei den Eiweißstoffen eintragen!

Nährstoffe

1. Traubenzucker
2. Albumin
3. Dextrin
4. Zellulose
5. Gliadin

Eiweißstoffe

Tierische Eiweißstoffe

Pflanzliche Eiweißstoffe

53. Aufgabe

Welches Beispiel für die anregende Wirkung der Genussmittel ist richtig?

1. Zucker regt die Geschmacksorgane an
2. Alkohol regt den Appetit an
3. Koffein regt Herz und Kreislauf an
4. Nikotin wirkt gefäßerweiternd
5. Duftstoffe regen die Geschmacksnerven an

Ernährungslehre

54. Aufgabe

Welche Diät erfordert eine Reizkost?

1. Die Diät für Lebererkrankungen
2. Die Diät für Körperentschlackung
3. Die Diät für Magenuntersäuerung
4. Die Diät für Gallenerkrankungen
5. Die Diät für Magenübersäuerung

55. Aufgabe

Welche Richtlinie ist für eine Magendiät geeignet?

1. Es dürfen nur Speisen mit reichlich Vitaminen gegessen werden
2. Nur leichtverdauliche, regelmäßige, kleine Mahlzeiten essen
3. Die Getränke dürfen zwar heiß, aber niemals kalt sein
4. Es sollen viele anregende Gewürze gegessen werden
5. In Fett gebackene Gerichte sind zu empfehlen

56. Aufgabe

Der menschliche Körper besteht aus rund 72% Wasser. Welche Aufgabe erfüllt es?

1. Es dient als Abwehrstoff für Krankheitserreger/bildet Zellflüssigkeit
2. Es bildet Zellflüssigkeit/dient als Wärmeregler
3. Die enthaltenen Mineralstoffe wirken reizend auf die Verdauungsorgane/reguliert die Verdauung
4. Es reguliert die Verdauung/wirkt als Abwehrstoff
5. Es dient als Wärmeregler/führt dem Körper Mineralstoffe zu

57. Aufgabe

Welches Vitamin wird als antiinfektiöses Vitamin bezeichnet?

1. Vitamin A
2. Vitamin B1
3. Vitamin B2
4. Vitamin C
5. Vitamin D

58. Aufgabe

Welcher Mineralstoff wirkt blutbildend?

1. Eisen
2. Phosphor
3. Schwefel
4. Kalk
5. Fluor

59. Aufgabe

Welche Aufgabe hat der Gallensaft innerhalb der Verdauung?

1. Fettspaltung
2. Stärkeabbau
3. Eiweißspaltung
4. Fettemulgierend
5. Eiweißgerinnung

Ernährungslehre

3 Hygiene

60. Aufgabe

Was ist unter dem Oberbegriff „Betriebshygiene" zu verstehen?

1. Die Verarbeitung einwandfreier Produkte
2. Die sachliche Trennung zwischen Personal- und Produktionshygiene
3. Die wirtschaftliche Nutzung von Raum- und Gerätschaften
4. Das Zusammenspiel von Produktions- und Personalhygiene
5. Das Tragen sachgemäßer Arbeitskleidung

 4

61. Aufgabe

Welche Bereiche gehören zur Produkthygiene?

1. Räume, Lagerung, Kleidung
2. Rohstoffe, Lagerung, Zubereitung
3. Umkleideräume, Lagerräume, Geräte
4. Einrichtungen, Gesundheit, Zubereitung
5. Rohstoffe, Kleidung, Geräte

 5

62. Aufgabe

Welche Forderung gehört zur Hygiene des Personals?

1. Die Verarbeitungsräume sollen groß, hoch und hell sein
2. Gegenstände aus Metall dürfen nicht rosten
3. Die Verwendung von Insektenspray bei laufendem Küchenbetrieb ist verboten
4. Fleisch darf nicht mit den Wänden in Berührung kommen
5. Geflügel darf nicht mit einem Lappen gesäubert werden

 3

63. Aufgabe

Wann müssen Nahrungsmittelabgänge beseitigt werden, damit dem Gebot „Sauberkeit am Arbeitsplatz" genügt wird?

1. Frühestens nach Beendigung der Tagesarbeit
2. Unverzüglich am nächsten Morgen
3. Frühestens nach Beendigung der Schichtarbeit
4. Unverzüglich nach Beendigung der jeweiligen Tätigkeit
5. Frühestens im Nachmittagsdienst

 4

64. Aufgabe

Welcher Merksatz gehört zur Individualhygiene?

1. Desinfektionsmittel regelmäßig anwenden
2. Abfallbehälter stets geschlossen halten
3. Beim Abräumen nicht in die Gläser fassen
4. Zum Abtrocknen nur saubere, fettfreie Tücher verwenden
5. Am Tage öfters die Hände mit nichtparfümierter Seife waschen

 3

65. Aufgabe

In der Spülküche wurde das abgebildete Ungeziefer entdeckt. Um welches Ungeziefer handelt es sich?

1. Milbe
2. Laus
3. Silberfischchen
4. Kakerlake
5. Motte

10 bis 15 mm

 4

66. Aufgabe

In Lebensmittel herstellenden Betrieben soll die Gefahr von Salmonellenerkrankungen vermieden werden. Wie hoch müssen die Lebensmittel im Kern erhitzt werden, damit diese Gefahr ausgeschaltet wird?

1. Den Kern mindestens auf 40° C erhitzen
2. Den Kern mindestens auf 80° C erhitzen
3. Den Kern mindestens auf 120° C erhitzen
4. Den Kem mindestens auf 160° C erhitzen
5. Den Kern mindestens auf 180° C erhitzen

67. Aufgabe

Fäulniserreger lassen Fleisch- und Wurstwaren schmierig werden. Durch welche Maßnahme verzögert sich die Vermehrung der Fäulniserreger?

1. Durch tägliches Abreiben der Fleisch- und Wurstwaren mit einer Essiglösung
2. Durch Lagerung im Kühlraum bei plus 14 Grad Celsius
3. Durch Lagerung im Kühlraum bei ca. plus 4 Grad Celsius
4. Durch Lagerung im Kühlraum bei einer relativen Luftfeuchtigkeit von 85 %
5. Durch Einschlagen der Fleisch- und Wurstwaren in feuchte Tücher, um den Frischezustand zu erhalten

68. Aufgabe

Tiefgefrorenes Geflügel soll man beim Auftauen auf einen Rost legen, damit das Geflügel nicht in der Auftauflüssigkeit liegt. Warum muss die Flüssigkeit weggeschüttet und das Geflügel gewaschen werden?

1. Weil die Auftauflüssigkeit bei der Zubereitung des Geflügels keine Verwendung findet
2. Weil durch die Tiefkühlung das Eiweiß verdorben sein könnte
3. Weil trotz Tiefkühlung Salmonellen enthalten sein können
4. Weil durch die Kühlung entstandene Fäulniserreger entfernt werden müssen
5. Weil sich beim Auftauen Schimmelpilze bilden, die Verdauungsstörungen hervorrufen können

69. Aufgabe

Was versteht man unter Desinfektion?

1. Verunreinigung durch Mikroben
2. Lehre von den Seuchen
3. Unempfindlichkeit gegen Krankheiten
4. Ergebnis einer Ansteckung
5. Vernichtung krankheitserregender Bakterien

70. Aufgabe

In welcher Gruppe werden nur Desinfektionsmittel genannt?

1. Schmierseife, Chlor
2. Politur, Deodorant
3. Chlor, Sagrotan
4. Sagrotan, Spülmittel
5. Deodorant, Flüssige Seife

71. Aufgabe

Was bedeutet bakterizid?

1. Nicht ansteckend
2. Bakterienfreundlich
3. Bakterientötend
4. Keimfrei
5. Bakterienhemmend

72. Aufgabe

Welche Aussage stellt ein Verbot im Umgang mit Desinfektions- und Schädlingsbekämpfungsmitteln im Zusammenhang mit Lebensmitteln dar?

1. Sie können ausnahmslos unbedenklich mit Nahrungsmitteln in Berührung kommen.
2. Sie dürfen in für Nahrungsmitteln bestimmten Gefäßen ohne besondere Kennzeichnung verwahrt werden.
3. Sie können zusammen mit Nahrungsmitteln am gleichen Ort aber in verschiedenen Behältnissen gelagert werden.
4. Sie müssen unbedingt von Nahrungsmitteln ferngehalten werden.
5. Sie dürfen in für Nahrungsmittel bestimmten Gefäßen unter Beachtung besonderer Kennzeichnung verwahrt werden.

73. Aufgabe

Wie sind verderbliche Lebensmittel unter hygienischen Gesichtspunkten aufzubewahren?

1. In Kühlanlagen mit eingesteckten Preisschildern
2. In benutzten und gesäuberten Klarsichtfolien
3. In Kühlanlagen unter Ausschluss gegenseitiger Beeinflussung
4. In Kühlanlagen ohne Berücksichtigung der Art und der Beschaffenheit
5. In desinfizierten Behältnissen ohne Berücksichtigung der Änderung von Zusatzstoffen

74. Aufgabe

Welche vorbeugende Maßnahme zur Schädlingsbekämpfung verspricht in Nahrungsmittel verarbeitenden Betrieben aufgrund großer Breitenwirkung den wirtschaftlichsten Erfolg?

1. Der Einsatz chemischer Mittel gegen Schädlinge
2. Der Einsatz biologischer Abwehr gegen Schädlinge
3. Die Abwehr der Schädlinge durch technische Einrichtungen
4. Der Entzug der Lebensbedingungen der Schädlinge
5. Der Einsatz bio-chemischer Mittel gegen Schädlinge

75. Aufgabe

Durch welche Mikroben kann die menschliche Gesundheit geschädigt werden?

1. Kahmhefe
2. Bierhefe
3. Milchsäurebakterien
4. Essigsäurebakterien
5. Eubakterien

76. Aufgabe

Welche Bedingung begünstigt in Nahrungsmitteln das Wachstum und die Giftbildung der Botulinus-Bazillen?

1. Essigsäurelösungen
2. Sauerstoffeinfluss
3. Kochsalzlösungen
4. Lange Kochzeiten
5. Sauerstoffabschluss

77. Aufgabe

Was sind Anaerobier?

1. Mikroorganismen, die ohne Sauerstoff leben können
2. Kleinlebewesen, die für ihre Existenz unbedingt Sauerstoff benötigen
3. Mikroorganismen, die Krankheiten verursachen
4. Gegengifte, die der Körper gegen eine ganz bestimmte Infektionskrankheit entwickelt
5. Immunkörper, die in den Körperzellen gebildet werden, um den Organismus zu schützen

78. Aufgabe

Wo wird ein Fleischwolf unter Beachtung hygienischer Gesichtspunkte aufbewahrt?

1. In einem Regal der kalten Küche
2. In einem Regal des Kühlhauses
3. In einem Schrank des Tagesmagazins
4. In einem Regal der warmen Küche
5. In einem Regal der Abwaschküche

79. Aufgabe

Was sind Aflatoxine?

1. Stoffwechselprodukte bestimmter Schimmelpilze
2. Stoffwechselprodukte des Mutterkornpilzes
3. Stoffwechselprodukte unreif geernteter Kartoffeln
4. Stoffwechselprodukte roher grüner Bohnen
5. Stoffwechselprodukte der Prunusarten

80. Aufgabe

Welche klimatischen Lebensbedingungen bevorzugen Küchenschaben?

1. Feuchte Wärme, Dunkelheit
2. Trockene Wärme, Helligkeit
3. Feuchte Kühle, Helligkeit
4. Trockene Kühle, Dunkelheit
5. Feuchte Wärme, Helligkeit

81. Aufgabe

Woran erkennt man Nahrungsmittelschäden durch Mäusebefall?

1. An unverzüglich auftretender Fäulnis an den Fraßstellen
2. An unverzüglich auftretender Schimmelbildung an den Fraßstellen
3. An den verkoteten Nahrungsmitteln und Fraßstellen
4. An einer unverzüglich auftretenden Verfärbung an den Fraßstellen
5. An unverzüglich auftretender Gärung an den Fraßstellen

82. Aufgabe

Küchenteile und Küchengeräte müssen regelmäßig gereinigt werden. Kennzeichnen Sie

die tägliche Reinigung mit einer 1

die Reinigung nach Benutzung mit einer 2

die Reinigung nach Bedarf mit einer 3

Cutter und Wolf	2
Fußboden	1
Hackklotz	2
Wände, Türen, Möbel	3
Aufschnittmaschine	2
Arbeitstische	2

Hygiene

4 Umweltschutz

83. Aufgabe

Welche Institutionen sind für die Müllabfuhr unmittelbar zuständig?

1. Gemeinden oder private Unternehmen
2. Landrat oder Regierung
3. Gesundheitsamt oder Ordnungsamt
4. Natur- oder Heimatschutzverbände
5. Müllverbrennungsanstalten oder Tierkörperbeseitigungsanstalten

84. Aufgabe

Was versteht man in Nahrungsmittel verarbeitenden Betrieben unter Müll?

1. Alle festen Abfallprodukte, die auch eine Weiterverwendung nicht ausschließen
2. Alle flüssigen Abfallprodukte, die keine Weiterverwendung erfahren
3. Alle festen Abfallprodukte, die eine Weiterverwendung ausschließen
4. Alle flüssigen Abfallprodukte, die auch eine Weiterverwendung nicht ausschließen
5. Alle Rückstände, unabhängig von der Stofflichkeit und Weiterverarbeitung

85. Aufgabe

Fast alle Produkte, bzw. die Verpackungen der Produkte, sind mit den entsprechenden Güte- bzw. Prüfzeichen versehen. Ordnen Sie die Erklärungen den abgebildeten Güte- bzw. Prüfzeichen zu!

Erklärungen der Güte- bzw. Prüfzeichen

1. Das Produkt erfüllt die europäischen Sicherheits-normen
2. Umweltverträgliche Produkte werden mit dem „Blauen Engel" gekennzeichnet
3. Die Kunststoff verarbeitende Industrie gibt eine Plakette für wiederverwertbare Produkte aus
4. „Geprüfte Sicherheit" Sicherheitszeichen zum Maschinenschutzgesetz
5. Recyclingfähiger Karton. Flachgelegt gehöre ich zum Altpapier. Danke.

Güte- bzw. Prüfzeichen

 ☐

 ☐

 ☐

 ☐

☐

86. Aufgabe

Wie müssen Verpackungen, die mit dem grünen Punkt gekennzeichnet sind, beseitigt werden?

1. Sie können ohne Bedenken in den Müll geworfen werden
2. Sie werden entsorgt und wieder verwertet
3. Sie werden in jedem Großhandel wieder zurückgenommen
4. Sie müssen in die graue Tonne geworfen werden
5. Sie gehören in den Sondermüll und müssen an bestimmten Sondermüllannahmestellen abgegeben werden

87. Aufgabe

Welche Übersetzung erklärt den Begriff „Recycling"?

1. Papierverbrennung
2. Sondermüllsammlung
3. Verpackungsverordnung
4. Müllverbrennungsanlage
5. Abfallwiederverwertung

---

88. Aufgabe

Welche Emissionsquelle eines Gastronomiebetriebes stellt in ihrer Breitenwirkung die größte Umweltbelastung dar?

1. Fester Abfall in der Mülldeponie
2. Waschmittel in Abwässern
3. Menschliche Ausscheidungsprodukte in Abwässern
4. Gasausscheidungen aus der Küche
5. Wärmeabgabe aus der Küche

---

89. Aufgabe

Aus Umweltschutzgründen darf verbrauchtes Friteusenfett nicht in das Abwasser eingeleitet werden. Wie muss altes Friteusenfett fachgerecht entsorgt werden?

1. Sie geben es gut verschlossen in einen Behälter in den Hausmüll
2. Sie geben es in die „grüne Tonne", da Fett verrottet
3. Es kann als Schweinefutter an Mästereien verkauft werden
4. Es wird in extra gekennzeichneten Behältern gesammelt und von einer Spezialfirma abgeholt
5. Sie verdünnen es mit heißem Wasser und gießen es in den Abguss

---

90. Aufgabe

In einem Hotel soll das herkömmliche Frühstück durch ein Frühstücksbüfett ersetzt werden. Welchen Beitrag können Sie im Hinblick auf die Abfallbeseitigung leisten?

1. Wurst und Käse werden in vakuumierten Portionspackungen angeboten
2. Die Butter wird in 20 g-Portionen auf Eis ohne Verpackung bereitgestellt
3. Marmelade wird in Portionspackungen gereicht, damit die nicht verbrauchte Marmelade am nächsten Tag wieder auf das Büfett eingesetzt werden kann
4. Die Kaffeesahne wird in Portionspackungen angeboten, damit sie nicht so schnell sauer wird
5. Tischabfalleimer werden auf allen Tischen eingesetzt, damit der Gast seinen Abfall ordnungsgemäß entsorgen kann

---

91. Aufgabe

Welcher Stoff ist besonders umweltschädlich, da er nicht durch die Natur abgebaut werden kann?

1. Ölhaltige Dressings
2. Fettreiche Suppen- und Soßenreste
3. Phosphathaltige Waschmittel
4. Ölhaltige Speisenreste
5. Alkoholhaltige Getränkereste

---

5 Arbeitssicherheit

92. Aufgabe

Wie heißt der Träger der gesetzlichen Unfallversicherung im Hotel- und Gaststättengewerbe?

1. Unfallversicherung Nahrungsmittel und Gaststätten
2. Berufsgenossenschaft Nahrungs- und Genussmittel
3. Berufsgenossenschaft Nahrungsmittel verarbeitender Betriebe
4. Unfallversicherung Nahrungsmittel verarbeitender Betriebe
5. Berufsgenossenschaft Nahrungsmittel und Gaststätten

93. Aufgabe

Welches Arbeitsschutzgesetz regelt die Bestellung von Betriebsärzten durch den Arbeitgeber?

1. Reichsversicherungsordnung
2. Betriebsverfassungsgesetz
3. Schwerbehindertengesetz
4. Jugendarbeitsschutzgesetz
5. Arbeitssicherheitsgesetz

94. Aufgabe

Welches Merkblatt gehört zur unerlässlichen Ausstattung eines Sanitätskastens?

1. Merkblatt für die sichere Aufbewahrung von Messern
2. Merkblatt für den Umgang mit Aufzügen
3. Merkblatt für jugendliche Mitarbeiter zur Unfallverhütung
4. Merkblatt zur Erlangung von Verletzungsgeld
5. Merkblatt zur Leistung Erster Hilfe

95. Aufgabe

Wie wird nebenstehendes Sicherheitszeichen gedeutet?

1. Verbot mit Wasser zu löschen
2. Rauchen verboten
3. Handfeuerlöscher
4. Warnung vor feuergefährlichen Stoffen
5. Feuer und offenes Licht verboten

96. Aufgabe

Welcher Institution obliegt die Überwachung von Propangasflaschen?

1. Der Gewerbeaufsichtsbehörde
2. Dem Ordnungsamt
3. Dem Technischen Überwachungsverein
4. Der Berufsgenossenschaft
5. Der Länderpolizei

97. Aufgabe

Warum ist Propangas besonders gefährlich?

1. Weil es stark riecht und giftig ist
2. Weil es kaum riecht, schwerer als Luft und giftig ist
3. Weil es kaum riecht, ätzend und giftig ist
4. Weil es kaum riecht, leichter als Luft und giftig ist
5. Weil es stark riecht, selbstentzündbar und ätzend ist

98. Aufgabe

Ordnen Sie zu, indem Sie die Kennziffern von 4 der insgesamt 8 Deutungen der Sicherheitszeichen in die Kästchen bei den Sicherheitszeichen eintragen!

Deutungen der Sicherheitszeichen

1. Hinweis auf Erste Hilfe
2. Warnung vor elektrischem Strom
3. Schutzhandschuhe tragen
4. Zutritt verboten
5. Warnung vor einer Gefahrenstelle
6. Fluchtwegrichtung
7. Handfeuerlöscher
8. Inbetriebsetzen verboten

Sicherheitszeichen

99. Aufgabe

Welche Sicherheitsvorschriften müssen bei Elektroinstallationen beachtet werden?

1. Vorschriften des Installationsschemas
2. Vorschriften der Gewerbeordnung
3. VDE-Vorschriften
4. Vorschriften der Handwerksordnung
5. DIN-Vorschriften

100. Aufgabe

Bei welchen Geräten besteht höchste Unfallgefahr, wenn Wasser in das Fett gelangt?

1. Bei Mikrowellengeräten
2. Bei Grillgeräten
3. Bei Heißluftbratgeräten
4. Bei Friteusen
5. Bei konventionellen Bratöfen

101. Aufgabe

Welche Erste Hilfe wird geleistet, wenn sich ein Kollege mit heißem Fett verbrannt hat?

1. Brandstelle mit Öl bestreichen
2. Keimfreie Brandbinde anlegen
3. Brandwunde sofort ins kalte Wasser halten
4. Brandwunde mit einer dicken Mehlschicht bedecken
5. Brandwunde mit nassen Tüchern umwickeln

102. Aufgabe

Die Unfallschutzbestimmung schreibt für gewerbliche Küchen die Beschaffenheit des Fußbodenbelages vor. Welcher Bodenbelag ist dafür geeignet?

1. Glatte Keramikfliesen
2. Linoleum
3. Parkett
4. Mit Noppen versehene Steinfliesen
5. Aufgerauhte Betonplatten

103. Aufgabe

Eine Köchin rutscht in der Küche aus und bricht sich den Arm. Der Arzt schreibt sie für mehrere Wochen arbeitsunfähig. Welcher Stelle muss der Unfall gemeldet werden?

1. Der Haftpflichtversicherung des Arbeitgebers
2. Der Krankenversicherung des Arbeitnehmers
3. Dem Gewerbeaufsichtsamt
4. Der zuständigen Berufsgenossenschaft
5. Der privaten Unfallversicherung des Arbeitnehmers

104. Aufgabe

Ein Kollege hat einen Spritzer Reinigungsmittel ins Auge bekommen. Welche Erste-Hilfe-Maßnahme wenden Sie an?

1. Sie legen ihm eine Augenklappe auf und fahren sofort zum Arzt
2. Sie spülen das Auge unmittelbar mit kaltem Wasser aus
3. Sie geben beruhigende Augentropfen in das Auge
4. Sie versuchen durch reiben in Richtung Nasenrücken, das Reinigungsmittel zu entfernen
5. Sie legen eine keimfreie Kompresse auf das Auge

105. Aufgabe

Ihre Hotelküche wurde vergrößert. Sie werden beauftragt das Sicherheitszeichen „Fluchtweg" anzubringen.

Welches Schild wählen Sie aus?

   1   2   3   4   5

6 Arbeitsgeräte, Gebrauchsgegenstände, Räume, Einrichtungen und Wäsche

106. Aufgabe

Welches zur Speisenzubereitung dienliche Gerät arbeitet mit einer Kaltzone unter der Heizung?

1. Hochdruckschnelldampfgerät
2. Grillplatte
3. Mikrowellengerät
4. Friteuse
5. Heißluftbratgerät

107. Aufgabe

Welche Vorrichtung verhindert bei einer Friteuse das Überlaufen schäumender Fette?

1. Ein Ablaufrohr mit Sieb
2. Ein verengter, erhöhter Rand
3. Ein verbreiterter, versenkter Rand
4. Ein verbreiterter, erhöhter Rand
5. Ein verengter, versenkter Rand

108. Aufgabe

Warum ist die Herstellung und die Aufbewahrung von Speisen in Zink- und Bleigeschirren verboten?

1. Weil diese Metallgeschirre säurefest aber laugenempfindlich sind und deswegen mit Speisen giftige Verbindungen eingehen
2. Weil diese Metallgeschirre säureempfindlich sind und mit Speisen ungiftige aber geschmacksbeeinträchtigende Verbindungen eingehen
3. Weil diese Metallgeschirre nur säureempfindlich sind und mit Speisen giftige Verbindungen eingehen
4. Weil diese Metallgeschirre sowohl säureempfindlich als auch laugenempfindlich sind und deswegen mit Speisen giftige Verbindungen eingehen
5. Weil diese Metallgeschirre nur laugenempfindlich sind und mit Speisen giftige und geschmacksbeeinträchtigende Verbindungen eingehen

109. Aufgabe

Welchen Nachteil hat Cromargan-Kochgeschirr?

1. Das Kochgut erleidet einen Verlust an Vitamin C von 25 %
2. Es ist weder laugen- noch säurefest
3. Es bildet Anlaufflecken und Grünspan
4. Das Kochgut nimmt metallischen Geschmack an
5. Das Kochgut nimmt eine unappetitliche Farbe an

110. Aufgabe

Welches Material darf nicht für Kochgeschirr verwendet werden?

1. Zink
2. Eisen
3. Aluminium
4. Kupfer
5. Silitstahl

111. Aufgabe

Aus welchem Werkstoff werden Bratpfannen hergestellt?

1. Zinn
2. Zink
3. Alpaka
4. Silitstahl
5. Aluminium

Arbeitsgeräte, Gebrauchsgegenstände ...

112. Aufgabe

Durch welche Ursache laufen Silbergeschirre an?

1. Durch Verbindung mit Fetten
2. Durch Verbindung mit Luftsauerstoff
3. Durch Verbindung mit Metallen
4. Durch Verbindung mit Kochsalz
5. Durch Verbindung mit Kohlenhydraten

113. Aufgabe

Welches der abgebildeten Messer ist ein Tranchiermesser?

1.

2.

3.

4.

5.

114. Aufgabe

Warum muss Kondensmilch nach Öffnen der Dose in Porzellangefäße umgefüllt werden?

1. Weil sie die Verzinnung angreift
2. Weil sie kühler gelagert werden kann
3. Weil sie lichtgeschützter ist
4. Weil der Nährwert erhalten werden soll
5. Weil das Aufrahmen verhindert werden soll

115. Aufgabe

Wie sollte ein Hackstock/Klotz gereinigt werden?

1. Nur mit heißem Wasser
2. Trocken mit einer Spezialbürste
3. Mit heißem Wasser und Desinfektionsmittel
4. Mit einem trockenen sauberen Tuch
5. Durch abschaben mit dem Fleischbeil

116. Aufgabe

Aus welchem Holzwerkstoff werden im Allgemeinen kleine Küchengeräte (Kochlöffel) hergestellt?

1. Aus Fichtenholz
2. Aus Tannenholz
3. Aus Erlenholz
4. Aus Ahornholz
5. Aus Buchenholz

Arbeitsgeräte, Gebrauchsgegenstände, Räume, Einrichtungen und Wäsche

© Verlag Gehlen

117. Aufgabe

Bringen Sie die folgenden Funktionsbereiche des Geschirrkreislaufes bei der maschinellen Geschirrreinigung in die richtige Reihenfolge, indem Sie die Ziffern 1 bis 6 in die Kästchen eintragen!

Saubergeschirrentnahme	☐
Schmutzgeschirrannahme	☐
Saubergeschirrentsorgung	☐
Beschickung	☐
Vorsortierung	☐
Reinigung	☐

118. Aufgabe

Welche Garmachung können Sie nicht im Mikrowellengerät durchführen?

1. Kochen
2. Dünsten
3. Auftauen
4. Braten
5. Erwärmen

▶ ☐

119. Aufgabe

Zu welchem Zweck wird ein Mikrowellengerät eingesetzt?

1. Als Gargerät mit unbeschränkten Möglichkeiten
2. Zur reinen Produktion von Speisen
3. Als technisches Hilfsmittel zur Speisenkonservierung
4. Als Gar-, Erwärm- und Auftaugerät
5. Als Ersatzgerät gegenüber konventionellen Geräten

▶ ☐

120. Aufgabe

Auf wie viel Grad Celsius wird in einem Mikrowellengerät eine fertige Mahlzeit erhitzt?

1. Auf ca. 70 °C
2. Auf ca. 80 °C
3. Auf ca. 90 °C
4. Auf ca. 100 °C
5. Über   100 °C

▶ ☐

121. Aufgabe

Aus welchen drei wesentlichen Hauptelementen besteht ein Mikrowellengerät?

1. Herdplatten, Infrarotheizteil, Garraum
2. Magnet, Niedrigfrequenzteil, Garraum
3. Magnet, Hochfrequenzteil, Garraum
4. Thermoelektrisch gesicherter Einstellhahn, Zündflammbrenner, Garraum
5. Heizeinrichtung, Hochfrequenzteil, Becken

▶ ☐

122. Aufgabe

Bringen Sie die folgenden Arbeitsschritte bei der Reinigung eines Kühlhauses in die richtige Reihenfolge, indem Sie die Ziffern 1 bis 8 in die Kästchen eintragen!

Nassreinigung des Fußbodens mit Wasser ☐

Nasses Abwischen der Einrichtungen ☐

Entnahme der Nahrungsmittel und Entsorgung ☐

Ausschalten der Kühlanlage ☐

Trockenwischen der Einrichtungen ☐

Einschalten der Kühlanlage ☐

Trockenwischen des Fußbodens ☐

Nahrungsmittelbeschickung bis Wiederbereitstellung ☐

123. Aufgabe

Wie viel Prozent Luftfeuchtigkeit müssen im Hauptkühlraum durchschnittlich herrschen?

1. 30 % bis 35 %
2. 40 % bis 45 %
3. 50 % bis 55 %
4. 60 % bis 65 %
5. 70 % bis 75 %

▶ ☐

124. Aufgabe

Die feuchte Schmutzwäsche wurde nicht sofort gewaschen, sondern in Plastikbehältern aufbewahrt. Es entstanden dadurch Flecken auf den Wäscheteilen. Um welche Flecken handelt es sich?

1. Rostflecken
2. Kalkflecken
3. Stockflecken
4. Obst- und Gemüseflecken
5. Farbflecken

▶ ☐

125. Aufgabe

Mit welchem Pflegemittel werden Kalkflecken, die aus dem Spülprozess stammen, von Edelstahlgeräten entfernt?

1. Mit heißem Wasser
2. Mit Alkohol
3. Mit Allzweckreiniger
4. Mit Seifenlauge
5. Mit Essigwasser

▶ ☐

© Verlag Gehlen

126. Aufgabe

Ordnen Sie zu, indem Sie die Kennziffern von 5 der insgesamt 9 Deutungen der Pflegebehandlung von Textilien in die Kästchen bei den Symbolen eintragen!

Deutungen der Pflegebehandlungen

1. Mäßig heiß bügeln
2. Normalwaschgang
3. Schonwaschgang
4. Handwäsche
5. Diese Textilien lassen sich nicht reinigen
6. Keine Chemischreinigung möglich
7. Heiß bügeln
8. Trocknen im Tumbler nicht möglich
9. Tumblertrocknung

Symbole

2

4

6

1

8

---

127. Aufgabe

Sie werden beauftragt die mit Lebensmittelresten verschmutzte Mikrowelle zu reinigen. Welche Reinigungsmittel verwenden Sie für den Innenraum?

1. Stahlwolle, Wasser, Spülmittel
2. Scheuermittel, Schwamm
3. Warmes Wasser, Spültuch
4. Backofenspray, Spültuch
5. Kaltes Wasser, Bürste

 3

---

128. Aufgabe

Für welche Arbeiten würden Sie ein Officemesser verwenden?

1. Zum Schneiden von Brot
2. Zum Tranchieren von Fleisch
3. Zum Filieren von Fisch
4. Zum Schneiden von kleinen Gemüseteilen
5. Zum Hacken von Kräutern

 4

---

129. Aufgabe

Sie stellen den Warenkorb wegen Platzmangel auf die Portionswaage. Sie werden ermahnt dies in Zukunft zu unterlassen. Geben Sie den Grund an.

1. Die Waage könnte unnötig verschmutzt werden
2. Bei einer Überprüfung durch die Berufsgenossenschaft könnte die Waage aus dem Verkehr gezogen werden
3. Die Waage muss ständig nachgeeicht werden
4. Die Waage würde durch die ständige Überlastung ungenau anzeigen
5. Die Waage könnte durch den Korb verkratzt werden

 4

Arbeitsgeräte, Gebrauchsgegenstände ...

7 Arbeiten in der Küche

130. Aufgabe

Aus welchem Grund sollte man täglich frisches Obst essen?
Wegen dem Anteil an:

1. Fruchtsäuren, Kohlenhydrate, Fette, Vitamin B
2. Eiweiße, Fruchtsäuren, Vitamine, Wasseranteil
3. Ballaststoffe, Vitamin A, Mineralstoffe Wasseranteil
4. Vitamin C, Mineral- und Ballaststoffe, leichtlöslicher Zucker, Fruchtsäuren
5. Fette, Vitamine C, Eiweiße, Fruchtsäuren, Mineralstoffe

▶ $\boxed{4}$

131. Aufgabe

Ordnen Sie die Obstsorten vom Geschmack her den entsprechenden Speisen zu.

Obstsorten

1. Ananas
2. Erdbeeren
3. Äpfel
4. Preiselbeeren

Speisen

Rotkohl, Waldorfsalat	$\boxed{3}$
Wildgerichte, gekochtes Rindfleisch	$\boxed{4}$
Krems, Eisspeisen	$\boxed{2}$
Obstsalat	$\boxed{1}$

132. Aufgabe

Kennzeichnen Sie das exotische Obst mit einer 1 und die Südfrüchte mit einer 2!

1. Zitrone $\boxed{2}$

2. Kiwi $\boxed{1}$

3. Mango $\boxed{1}$

4. Banane $\boxed{2}$

5. Granatapfel $\boxed{1}$

6. Mandarine $\boxed{2}$

7. Grapefruit $\boxed{2}$

8. Kaki $\boxed{1}$

133. Aufgabe

Der Auszubildende Frank wird beauftragt einen Salat von frischen Früchten herzustellen. Mit welchen Früchten sollte er beginnen, damit eine Verfärbung der anderen Früchte verhindert wird?

1. Mit den Äpfeln
2. Mit den Bananen
3. Mit den Orangen
4. Mit den Pfirsichen
5. Mit den Weintrauben

▶ $\boxed{3}$

134. Aufgabe

Ordnen Sie zu, indem Sie die Kennziffern von 3 der insgesamt 6 Obstsorten in die Kästchen bei den Obstgruppen eintragen!

Obstsorten

1. Birnen
2. Nüsse
3. Datteln
4. Äpfel
5. Weintrauben
6. Hagebutten

Obstgruppen

Beerenobst	5
Steinobst	3
Schalenobst	2

135. Aufgabe

Ordnen Sie die folgenden Gemüsearten den jeweiligen Gemüsesorten zu, indem Sie die Nummer der Gemüseart in die Kästchen der Gemüsesorte eintragen

Gemüseart

1. Kohlgemüse
2. Wurzel- und Knollengemüse
3. Zwiebel- und Lauchgemüse
4. Frucht- und Samengemüse
5. Salat- und Blattgemüse

Gemüsesorte

Kopfsalat	5
Rosenkohl	1
Schwarzwurzeln	2
Auberginen	4
Radieschen	2
Spinat	5
Meerrettich	2
Endivie	5
Gurken	4
Kohlrabi	1
Möhren	2
Rotkraut	1

136. Aufgabe

Kennzeichnen Sie die Gemüse, die zu Rohkost verarbeitet werden können mit einer 1, die anderen Gemüse mit einer 2!

1. Chicoree	1	5. Brokkoli	2
2. Rote Bete	2	6. Weißkohl	1
3. Artischocken	2	7. grüne Bohnen	2
4. Möhren	1	8. Spargel	2

137. Aufgabe

Sie bekommen den Auftrag, Rosenkohl zu garen. Ihr Chef gibt Ihnen die Anweisung, den Strunk des Rosenkohls vorher über Kreuz einzuschneiden. Aus welchem Grund?

1. Damit die Blätter besser auseinandergehen
2. Damit der Rosenkohl gleichmäßig gart
3. Damit die Farbe des Rosenkohls erhalten bleibt
4. Damit die Mineralstoffe und die Vitamine erhalten bleiben
5. Damit die Bitterstoffe entweichen können

 2

138. Aufgabe

Rohen Blumenkohl sollte man vor der Weiterverarbeitung ca. 10 Minuten in kaltes Salzwasser legen.

1. Damit der Blumenkohl etwas würziger schmeckt
2. Damit die Bitterstoffe entfernt werden
3. Damit eventuell vorhandene Raupen sich aus den Röschen lösen
4. Damit die Salzlake den Blumenkohl länger haltbar macht
5. Damit die Vitamine erhalten bleiben

 3

139. Aufgabe

Welches Gemüse zählt zum Blütengemüse?

1. Aubergine
2. Rosenkohl
3. Artischocke
4. Avokado
5. Spitzkohl

 3

140. Aufgabe

Wie kann grünem Gemüse die Farbe während des Garprozesses erhalten werden?

1. Indem man es mit viel Salzwasser ansetzt, blanchiert und offen fertig gart
2. Indem man es mit wenig Salzwasser ansetzt und zugedeckt kocht
3. Indem man es mit wenig Fond ansetzt und in Butter dünstet
4. Indem man es mit viel Salzwasser ansetzt und zugedeckt kocht
5. Indem man es mit wenig Fond ansetzt und sehr lange kocht

141. Aufgabe

Wozu dient das Blanchieren von Gemüse?

1. Es entbittert das Gemüse und erhält die frische Farbe
2. Es verhindert den Verlust von Vitaminen
3. Es erhält die Mineralstoffe
4. Es hat langfristige konservierende Wirkung
5. Es erhält den Eigenwasseranteil

142. Aufgabe

Aus welchem Gemüse können selbstständige Gerichte hergestellt werden?

1. Spinat
2. Schwarzwurzeln
3. Artischocken
3. Karotten
4. Meerrettich

143. Aufgabe

Welches Gemüse eignet sich als kalte Vorspeise besonders zum Füllen?

1. Paprika
2. Tomate
3. Zucchini
4. Brokkoli
5. Pilze

144. Aufgabe

Mit welcher Salatsauce wird ein Blumenkohlsalat hergestellt?

1. Essig- und Süßrahmsauce
2. Zitronensaft- und Sauerrahmsauce
3. Essig-, Öl- und Senfsauce
4. Essig- und Ölsauce
5. Essig- und Specksauce

145. Aufgabe

Wie muss grüner Salat beschaffen sein, bevor er zubereitet wird?

1. Ausgekühlt und nass
2. Abgetrocknet und ausgekühlt
3. Nass und zimmerwarm
4. Ausgekühlt und gesalzen
5. Abgetrocknet und zimmerwarm

146. Aufgabe

Welche Gruppe von Gemüsen eignet sich zum Glacieren?

1. Karotten, Perlzwiebeln, Maronen
2. Rosenkohl, Sellerie, Erbsen
3. Kohlrabi, Brokkoli, Prinzessbohnen
4. Teltower Rübchen, Blumenkohl, Schwarzwurzeln
5. Kastanien, Artischockenböden, Morcheln

147. Aufgabe

Welche Gewichtsklasse bei Eiern ist nicht zulässig?

1. L   – groß (63 g bis unter 73 g)
2. S   – klein (unter 53 g)
3. M   – mittel (53 g bis unter 63 g)
4. XXL – Sondergröße (Enteneier, Gänseeier)
5. XL   – sehr groß (73 g und schwerer)

148. Aufgabe

Für welches Eiergericht werden Eigelb und Eiklar getrennt aufgeschlagen?

1. Für Eierkuchen
2. Für Palatschinken
3. Für Crêpes
4. Für Auflaufomelette
5. Für Schmarren

149. Aufgabe

Woran erkennt man beim Aufschlagen die Frische eines Eies?

1. Das Dotter muss blassgelb sein
2. Das Dotter muss intensiv gelb sein
3. Das Dotter muss deutliche Grenzlinien zeigen
4. Das Dotter muss leicht wässerig sein
5. Das Dotter muss klar und durchsichtig sein

150. Aufgabe

Was versteht man unter indirektem Pochieren?

1. Das Ansetzen des Gargutes in kaltem Wasser
2. Das Garen des Gutes im Wasserbad
3. Das Ansetzen des Gargutes in kochendem Wasser
4. Das Garen des Gutes in feuchter Hitze
5. Das Garen des Gutes im strömenden Dampf

151. Aufgabe

Nach welcher Beschreibung stellen Sie pochierte Eier her?

1. Eier der Handelsklasse A werden in kochendem Wasser 2 Minuten gegart, aufgeschlagen und in Salzwasser fertig gegart
2. Eier der Güteklasse A werden wie 1. behandelt
3. Frische Eier werden in einen Löffel aufgeschlagen, in Salzwasser kurz, aber kräftig gekocht und in angesäuertem Wasser warm gehalten
4. Frische Eier werden in der Schale pochiert, geschält und in Essigwasser warm aufbewahrt
5. Frische Eier werden in einen Schöpflöffel aufgeschlagen und in leicht siedendem Essigwasser ohne Salz ca. 3 Minuten pochiert

152. Aufgabe

Mit welcher Erklärung würden Sie ein Omelette und einen Eierkuchen unterscheiden?

1. Omeletten sind lediglich aufgeschlagene Eier, während die Eierkuchenmasse aus Eiern, Milch und Mehl hergestellt wird
2. Omelette ist eine hochgebackene, lockere Eiermasse, Eierkuchen sind flachgebacken, also dünner
3. Omeletten sind besonders locker gehaltene Eierkuchen
4. Omelette ist die österreichische Bezeichnung für die deutschen Eierkuchen
5. Omeletten sind mit Butter verfeinerte Eierkuchen

153. Aufgabe

Welche Eiersorte darf nur zu weichen Frühstückseiern verwendet werden?

1. Konservierte Eier
2. Trinkeier
3. Landeier
4. Kühlhauseier
5. Gefrorene Eier

154. Aufgabe

Wie werden wachsweiche Eier zubereitet?

1. In kochendes Wasser geben, Kochzeit ca. 2 bis 4 Minuten
2. In kaltes Wasser geben, Kochzeit ca. 2 bis 4 Minuten
3. In kochendes Wasser geben, Kochzeit ca. 5 bis 7 Minuten
4. In warmes Wasser geben, Kochzeit ca. 2 bis 3 Minuten
5. In kaltes Wasser geben, Kochzeit ca. 5 bis 7 Minuten

155. Aufgabe

Woraus wird ein Omelette hergestellt?

1. Aus eingeschlagenen und gefüllten Pfannkuchen
2. Aus aufgeschlagenen Eiern mit Milch und Sahne
3. Aus lediglich aufgeschlagenen Eiern
4. Aus zerrissenen Eierkuchen mit Rosinen und Zucker
5. Aus aufgeschlagenen Eiern mit Milch und Mehl

156. Aufgabe

Warum müssen hartgekochte Eier, die zum Füllen bestimmt sind, nach dem Garprozess sofort in kaltes Wasser gelegt werden?

1. Weil sich das Eigelb aufgrund des Nachgarens sonst nicht vom Eiweiß löst
2. Weil das Eigelb aufgrund des Nachgarens sonst eine grünlich – bläuliche Farbe annimmt
3. Weil das Eiweiß aufgrund des Nachgarens sonst die Eischale sprengt
4. Weil das Eigelb aufgrund des Nachgarens sich sonst nicht mehr passieren lässt
5. Weil das Eiweiß aufgrund des Nachgarens sonst schwammig wird

157. Aufgabe

Von welchen der aufgeführten Mikroben werden Eier am häufigsten befallen?

1. Trichinen
2. Viren
3. Schimmel
4. Salmonellen
5. Hefen

158. Aufgabe

Welche Zutaten werden für das englische Frühstücksgericht Porridge benötigt?

1. Geröstete Buchweizengrütze, Butter, Würze, Wasser
2. Weizenmehl, Wasser, Salz
3. Buchweizengrütze, rohe Eier, Butter, Würze, Milch
4. Haferflocken, Wasser, Salz
5. Hafermehl, Brühe, Butter, Rahm, Salz

159. Aufgabe

Welche Brotsorte muss mindestens 11 % bis 59 % Weizenanteile haben?

1. Weizentoastbrot
2. Weizenschrotbrot
3. Weizenmischbrot
4. Weizenvollkornbrot
5. Weizenbrot

▶ 3

160. Aufgabe

Ein englischer Hotelgast verlangt zum Frühstück Porridge. Bringen Sie die Arbeitsgänge in die richtige Reihenfolge!

Vollmilch erhitzen	4
Haferflocken einrieseln lassen	2
Gut durchkochen	3
Wasser mit einer Prise Salz aufkochen	1
Mit Beigaben (heiße Milch oder süßer Rahm, Zucker, frische Butter) auf dem Tablett anrichten	6
Haferflockenbrei in eine Casserole schütten	5

161. Aufgabe

Welche Speisengruppe nimmt in der Kalten Küche gewöhnlich den größten Platz ein?

1. Die Canapés
2. Die Pasteten
3. Die Salate
4. Die Sandwiches
5. Die kalten Saucen

162. Aufgabe

Warum werden Nahrungsmittel gegart?

1. Weil alle Nahrungsmittel in rohem Zustand ungenießbar sind
2. Weil ein Teil der Nährstoffe in lebenswichtige Vitamine aufgeschlossen wird
3. Weil durch den Garprozess Hormonbeigaben in den Nahrungsmitteln unschädlich gemacht werden
4. Weil durch den Garprozess das Gewebe gelockert und somit die Nahrungsmittel verdaulicher werden
5. Weil Mineralstoffe nur im gegarten Zustand vom Körper absorbiert werden können

163. Aufgabe

Ordnen Sie zu, indem Sie die Kennziffern von 3 der insgesamt 6 Garmachungsarten in die Kästchen bei den Charakteristika eintragen!

Garmachungsarten

1. Schmoren
2. Backen
3. Kochen
4. Fritieren
5. Garziehen
6. Dämpfen

Charakteristika

Garen durch Hitze in wallender Flüssigkeit

Garen In Flüssigkeit unter 100 °C

Garen in trockener Hitze

164. Aufgabe

Wie viel Prozent Mindestfettgehalt muss Kaffeesahne enthalten?

1. 3 %
2. 4,5%
3. 7,5%
4. 10,0%
5. 28,0%

165. Aufgabe

Welchen Fettgehalt muss Quark mindestens enthalten, damit er mit der Gütebezeichnung „Speisequark mit Sahnezusatz" in den Handel kommt?

1. 10 v. H. i. Tr.
2. 20 v. H. i. Tr.
3. 40 v. H. i. Tr.
4. 60 v. H. i. Tr.
5. 85 v. H. i. Tr.

166. Aufgabe

Welchen Fettgehalt enthält Dreiviertelfettkäse?

1. 20 v. H. i. Tr.
2. 30 v. H. i. Tr.
3. 40 v. H. i. Tr.
4. 60 v. H. i. Tr.
5. 75 v. H. i. Tr.

167. Aufgabe

Ordnen Sie zu, indem Sie die Kennziffern von 3 der insgesamt 6 Geschmacksrichtungen in die Kästchen bei den Käsegruppen eintragen!

Geschmacksrichtungen

1. Feinmild
2. Kernig
3. Würzig
4. Herzhaft
5. Pikant
6. Aromatisch

Käsegruppen

Brie, Limburger	4
Edelpilzkäse, Steinbuscher	6
Harzer, Mainzer	3

168. Aufgabe

Welches pflanzliche Gewürz besitzt neben einer starken Würz- auch eine starke Färbekraft?

1. Rosmarin
2. Muskat
3. Zitronenmelisse
4. Safran
5. Ingwer

 4

169. Aufgabe

Welchen ernährungsphysiologischen Wert haben getrocknete Kräuter?

1. Sie enthalten kalorienspendende Nährstoffe
2. Sie fördern den Appetit und die Verdauung
3. Sie enthalten lebenswichtige Vitamine
4. Sie enthalten neutrale Geschmacksstoffe
5. Sie regulieren den Eiweißhaushalt

 2

170. Aufgabe

Zu welchem Gemüsegericht eignet sich als Würze frisches Basilikum?

1. Zu Spargelgerichten
2. Zu frischem Erbseneintopf
3. Zu Tomatengerichten
4. Zu Kürbisgerichten
5. Zu Blumenkohlgerichten

 3

171. Aufgabe

Welches frischgehackte Kraut wird zur Würze eines Chiffonade-Dressings verwendet?

1. Basilikum
2. Dill
3. Beifuß
4. Liebstöckel
5. Petersilie

 5

172. Aufgabe

Welchen Wert haben die Gewürze in der Ernährung?

1. Gewürze enthalten kalorienspendende Nährstoffe
2. Gewürze enthalten aufbauwichtige Mineralien
3. Gewürze fördern den Appetit und die Verdauung
4. Gewürze fördern den Appetit aber hemmen die Verdauung
5. Gewürze haben ihren Wert im Vitamingehalt

 3

173. Aufgabe

Welcher Senf ist der gewürzreichste?

1. Französischer Senf
2. Delikatesssenf
3. Süßer Senf
4. Deutscher Senf
5. Englischer Senf

▶ ◹

---

174. Aufgabe

Ordnen Sie zu, indem Sie die Kennziffern von 3 der insgesamt 5 Zutatengruppen in die Kästchen bei den zugehörigen Salaten eintragen!

Zutaten

1. Sellerie, Walnüsse, Äpfel, Mayonnaise
2. Grüne Bohnen, Sardellen, Oliven, Tomaten, Kapern, Kartoffeln
3. Grüne Gurken, Tomaten
4. Artischockenböden, Tomaten, schwarze Oliven, Sardellen, Knoblauch
5. Karotten, Sellerie, Kartoffeln, Erbsen, Bohnen, Gewürzgurken, marinierte Pilze, Mayonnaise

Salate

Provençale	4
Nizza	2
Waldorf	1

7.1 Fachausdrücke

175. Aufgabe

Ordnen Sie die Berufsbezeichnungen den entsprechenden französischen Begriffen zu!

deutsche Bezeichnung

1. Koch der kalten Küche
2. Koch für Zwischengericht
3. Fischkoch
4. Gemüsekoch
5. Suppenkoch
6. Küchenmetzger
7. Soßenkoch
8. Süßspeisenkoch
9. Vorspeisenkoch

französische Bezeichnung

Entremetier	2
Potagier	5
Gardemanger	1
Pâtissier	8
Saucier	7
Hors d'œuvrier	9
Poissonnier	3
Boucher	6
Legumier	4

176. Aufgabe

Sie werden mit den „Vorbereitungsarbeiten in der Küche" beauftragt. Welchen Fachausdruck verwendet man dafür?

1. Mire poix
2. Mie de pain
3. Mise en place
4. Melanger
5. Moussieren

▶ ☐

---

177. Aufgabe

Wie heißt die nebenstehend abgebildete Pfanne in der Fachsprache?

1. rôtissoire
2. marmite
3. bain-marie
4. saucière
5. braisière

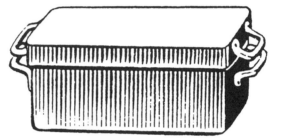

▶ 5

---

178. Aufgabe

Ordnen Sie die französischen Fachausdrücke den deutschen Bezeichnungen zu!

Französische Fachausdrücke

1. Bouillon ordinaire
2. Remouillage
3. Consommé
4. Etamine
5. Chinois
6. Tamis

Deutsche Bezeichnungen

Spitzsieb	5
Knochenbrühe	1
Kraftbrühe	3
Nachbrühe	2
Passiertuch	4
Passiersieb	6

---

179. Aufgabe

Ordnen Sie den nachfolgenden deutschen Fachbegriffen den entsprechenden Fachausdruck zu!

a) „Mittels Faden in Form binden"
1. bardieren
2. bridieren
3. braisieren
4. blanchieren
5. tournieren

▶ 2

b) „Feine Gemüsestreifen"
1. brunoise
2. paysanne
3. au four
4. julienne
5. concasser

▶ 4

c) „Warmhaltebad"
1. Timbal
2. Bain froid
3. Bain mairie
4. Rechaud
5. Cocotte

▶ 3

d) „Etwas im Wasserbad garziehen lassen"
1. paprizieren
2. parieren
3. panieren
4. poelieren
5. pochieren

▶ 5

e) „Etwas in Form schneiden"
1. tranchieren
2. tournieren
3. fermentieren
4. lardieren
5. reduzieren

▶ 2

f) „Feine in Butter geröstete Weißbrotwürfel"
1. croûtons
2. batton
3. croissant
4. boucher
5. baiser

▶ 1

g) „überbacken"
1. glasieren
2. farcieren
3. gratinieren
4. nappieren
5. dressieren

▶ 3

180. Aufgabe

Ordnen Sie zu, indem Sie die Kennziffern von 4 der insgesamt 8 eingedeutschten Fachwörter französischer Herkunft in die Kästchen bei den deutschen Bedeutungen eintragen!

Eingedeutschte Fachwörter
französischer Herkunft

1. Abaissieren
2. Colorieren
3. Bardieren
4. Lardieren
5. Mazerieren
6. Refraischieren
7. Rissolieren
8. Ziselieren

Deutsche Bedeutungen

Unter kaltem Wasser abkühlen lassen | 6

Mit dem Rollholz Teig zu der gewünschten Dicke ausrollen | 1

Mit einer aromatischen Flüssigkeit durchziehen lassen | 5

Mit Speck belegen oder umbinden | 3

181. Aufgabe

Ordnen Sie zu, indem Sie die Kennziffern von 5 der insgesamt 9 Fachausdrücke in die Kästchen bei den deutschen Übersetzungen eintragen!

Fachausdrücke

1. Chinoise
2. Braisière
3. Pass-tout
4. Etamine
5. Casserole
6. Marmite
7. Poele à frire
8. Rôtissoire
9. Sauteuse

Deutsche Übersetzungen

Hoher Suppentopf	6
Runde Stielbratpfanne	7
Spitzsieb	1
Schwenkpfanne	9
Durchschlag	3

182. Aufgabe

Ordnen Sie zu, indem Sie die Kennziffern von 4 der insgesamt 7 deutschen Bezeichnungen in die Kästchen bei den französischen Fachbegriffen eintragen!

Deutsche Bezeichnungen

1. Zerlegen
2. Abbrennen
3. Schneiden
4. Formgeben
5. Anrichten
6. Reichen
7. Verzieren

Französische Fachbegriffe

dresser	7
flamber	2
garnir	7
trancher	3

183. Aufgabe

Welcher Fachausdruck wird mit „Entfetten einer Brühe" bezeichnet?

1. Braisieren
2. Dekantieren
3. Sautieren
4. Degraissieren
5. Reduzieren

▶ 4

Fachausdrücke

184. Aufgabe

Ordnen Sie zu, indem Sie die Kennziffern von 3 der insgesamt 6 Fachausdrücke in die Kästchen bei den deutschen Übersetzungen eintragen!

Fachausdrücke

1. Bratrost
2. Biegsames Wendemesser
3. Fischkessel
4. Gemüseschüssel
5. Konisches Förmchen
6. Spitzsieb

Deutsche Übersetzungen

Palette   2

Légumier   4

Timbale   5

7.2 Rechtsvorschriften

185. Aufgabe

Welche Rechtsnorm schreibt Lebensmittel verarbeitenden Betrieben vor, dass alle Geräte und Maschinen in einem stets sauberen Zustand und alle beschäftigten Personen gesund und frei von Krankheiten sein müssen?

1. Die Gewerbeordnung
2. Die Bestimmungen der Berufsgenossenschaft
3. Die Hygieneverordnung
4. Die Merkblätter der Gewerbeaufsichtsbehörden
5. Die Merkblätter des Deutschen Hotel- und Gaststättenverbandes

 3

186. Aufgabe

Welches umweltbezogene Gesetz ordnet die Beseitigung von Müll an?

1. Abwasserabgabengesetz
2. Bundesnaturschutzgesetz
3. Lebensmittel- und Bedarfsgegenständegesetz
4. Bundesimmissionsschutzgesetz
5. Bundesseuchengesetz

 5

187. Aufgabe

Das Bundesseuchengesetz schreibt vor, dass Frank Möller vor Antritt seiner Ausbildung als Koch ein Gesundheitszeugnis vorlegen muss. Weshalb darf Frank ohne dieses Gesundheitszeugnis nicht im Restaurant „Zur Krone" eingestellt werden?

1. Weil er der körperlichen Belastung in der Küche nicht gewachsen sein könnte
2. Weil die Krankenversicherung im Falle eines Unfalls nicht bezahlt
3. Weil Franks Chef sonst eine Strafe bezahlen muss
4. Weil Frank ein Dauerausscheider sein könnte und somit eine Ansteckungsgefahr für die Gäste besteht
5. Weil jede Person, die 18 Jahre alt ist, ein Gesundheitszeugnis besitzen muss.

188. Aufgabe

Aufgrund der häufigen Betriebsunfälle möchte sich Franks Küchenchef über Unfallverhütung speziell im Gastgewerbe erkundigen. An welche Stelle muss er sich wenden?

1. An die Gewerbeaufsichtsbehörde
2. An die Industrie- und Handelskammer
3. An den Hotel- und Gaststättenverband
4. An die Polizei
5. An die Berufsgenossenschaft Nahrungsmittel und Gaststätten

189. Aufgabe

Darf ein Wirt rohes Hackfleisch über die Straße verkaufen?

1. Nein, nur im Betrieb zum Verzehr an Ort und Stelle
2. Ja, wenn es ganz frisch durch den Wolf gedreht wurde
3. Ja, es muss aber gut in Pergamentpapier verpackt sein
4. Ja, auf Wunsch des Gastes in Folie verschweißt
5. Ja, wenn ein Aushangschild „Frisches Tatar zum Mitnehmen" aushängt

▶ ☐

---

190. Aufgabe

Die Hackfleischverordnung schreibt bei Hackfleischarten den Fettanteil in Prozent vor. Ordnen Sie zu, indem Sie die Ziffern vor den Prozentzahlen in die Kästchen hinter die Hackfleischarten eintragen.

Zulässiger Höchstfettanteil

1. 30 %
2. 35 %
3. 6 %
4. 20 %

Hackfleischart

Rinderhackfleisch ☐

Halb Schwein – Halb Rind ☐

Schweinehackfleisch ☐

Schabefleisch (Tatar) ☐

---

191. Aufgabe

Frank wird beauftragt den benutzten Hackklotz ordnungsgemäß zu reinigen. Wie oft muss er am Tag nach Angaben der Fleischhygieneverordnung den Hackklotz reinigen?

1. Einmal täglich
2. Zweimal täglich
3. Nach jedem Gebrauch
4. Dreimal täglich
5. Morgens und abends

▶ ☐

7.3 Lernfeldbezogenes Rechnen

7.3.1 Vorbereitungsverluste

192. Aufgabe

Der Putz- und Waschverlust beim Grünkohl beträgt etwa 43%. Berechnen Sie, wie viel geputzten und gewaschenen Grünkohl man aus 26,000 kg ungeputzter Ware erhält.

Komma
kg ↓
☐☐☐☐☐

---

193. Aufgabe

Wie viele Portionen Porree je 200 g erhält man aus 1,750 kg ungeputztem Porree, wenn der Putzverlust 20 % beträgt?

Portionen
☐

Rechtsvorschriften

194. Aufgabe

Berechnen Sie das garfertige Gemüse:

gartenfrisch		Gemüseart	Vorbereitungsverlust
a)	3,500 kg	Blumenkohl	28 %
b)	1,750 kg	Chicoree	20 %
c)	1,500 kg	Bohnen	12 %
d)	1,500 kg	Kopfsalat	32 %
e)	5,000 kg	Möhren	20 %
f)	15,000 kg	Rosenkohl	40 %
g)	7,500 kg	Rotkohl	15 %

195. Aufgabe

Ein Küchenchef bestellt 4,800 kg Spargel. Es entsteht ein Schälverlust von 25 %. Wie viel geputzter Spargel stehen dem Küchenchef zur Verfügung?

196. Aufgabe

Beim Putzen von Pfifferlingen entsteht ein Verlust von 10 %. Wie viel kg müssen eingekauft werden, wenn 1 Portion 150 g wiegt und 48 Personen verköstigt werden sollen?

197. Aufgabe

Ein Betrieb kauft beim Großhändler 28,000 kg Tomaten im Sonderangebot. 3,500 kg der Tomaten sind nicht verwertbar. Wie viel % sind das?

198. Aufgabe

Ein Veranstalter benötigt für eine Gesellschaft mit 52 Personen 260 g Rotbarschfilet pro Person. Es muss mit einem Putzverlust von 35 % gerechnet werden. Wie viel kg ungeputzter Frischfisch ist für die Gesellschaft einzukaufen?

199. Aufgabe

Ein Hecht wiegt beim Einkauf 2,580 kg. Wie viel kg können verarbeitet werden, wenn ein Putzverlust von 35 % entsteht?

200. Aufgabe

Es werden 15 kg Fisch eingekauft. Nach dem Putzen wiegen die Fische noch 8,650 kg. Wie viel % beträgt der Vorbereitungsverlust?

201. Aufgabe

Eine Schnitzelwoche ist angekündigt. Für den ersten Tag haben sich 64 Personen angemeldet. Jedes Schnitzel soll ein bratfertiges Gewicht von 160 g aufweisen.

Wie viel kg Schnitzelfleisch muss eingekauft werden, wenn ein Parierverlust von 14 % entsteht? (Auf volle kg aufrunden!)

202. Aufgabe

Für eine Gulaschsuppe werden 8,000 kg Rind- und Schweinefleisch in Würfel geschnitten. Es entsteht ein Zuschneideverlust von 6 %.

a) Wie viel kg gewürfeltes Fleisch können geschmort werden?

Komma
kg ↓
▭

b) Wie viel kg beträgt der Schneideverlust?

Komma
kg ↓
▭

7.3.2 Knochenteile bei Schlachtfleisch

203. Aufgabe

Eine Kalbskeule hat ein Gewicht von 9,240 kg. Der Knochenanteil beträgt 28 %.

a) Wie viel kg wiegen die Knochen?

Komma
kg ↓
▭

b) Wie viel kg wiegt das schiere Fleisch?

Komma
kg ↓
▭

204. Aufgabe

Eine Oberschale mit 1,800 kg wird ausgelöst. Die Knochen wiegen 432 g. Berechnen Sie den Prozentsatz des Knochenanteils.

%
▭

205. Aufgabe

Ein Schweinekarree mit Knochen wiegt 4,265 kg. Nach dem Auslösen wiegt das Fleisch 3,327 kg.

a) Wie viel kg wiegen die angefallenen Knochen?

Komma
kg ↓
▭

b) Geben Sie den prozentualen Knochenanteil an!

%
▭

206. Aufgabe

Nach Abzug von 25 % Knochen wiegt ein Stück Fleisch noch 3,500 kg. Wie viel kg Fleisch wurden eingekauft?

Komma
kg ↓
▭

7.3.3 Fleischabgänge (Parüren)

207. Aufgabe

Benötigt werden 8,000 kg Schweinerückensteak. Wie viel kg Kotelett müssen eingekauft werden, wenn mit einem Knochenanteil von 20 % und einem Parierverlust von 5 % zu rechnen ist?

Komma
kg ↓
▭

208. Aufgabe

Es werden 17,550 kg garfertiger Kalbsbraten benötigt. Wie viel kg sind einzukaufen, wenn mit einem Parierverlust von 8 % zu rechnen ist?

Komma
kg ↓
▭

209. Aufgabe

Eine Rinderlende wiegt 2,400 kg. An Parüren fallen 560 g an. Wie viel % entfallen auf die Parüren?

Komma
% ↓

210. Aufgabe

Eine Ausflugsgesellschaft bestellt 36 Schweineschnitzel zu je 160 g. Es muss mit einem Parier-verlust von 4 % gerechnet werden. Geben Sie die einzukaufende Menge Schnitzelfleisch an!

Komma
kg ↓

211. Aufgabe

Ein Küchenchef kauft 20,160 kg unparierte Schweinelende ein. Es werden Medaillons vorberei-tet, pro Portion 180 g. Nach der Vorbereitung des Fleisches stehen 110 Portionen zur Verfügung. Geben Sie den Parierverlust in Gramm an.

Gramm

7.3.4 Zubereitungsverluste

212. Aufgabe

5 Schweinebraten werden im Ganzen gebraten. Die einzelnen Braten haben unterschiedliches Gewicht. Man rech-net mit einem Bratverlust von 18 %. Berechnen Sie das Gewicht der einzelnen gegarten Braten!

Komma
kg ↓

a) 4,600 kg

Komma
kg ↓

b) 3,800 kg

Komma
kg ↓

c) 3,200 kg

Komma
kg ↓

d) 5,100 kg

213. Aufgabe

Es sollen 48 Portionen Bratenfleisch zu je 150 g serviert werden. Wie viel Fleisch muss eingekauft werden, wenn mit einem Garverlust von 22 % gerechnet wird?

Komma
kg ↓

214. Aufgabe

Ein T-Bone-Steak wiegt roh und ungebraten 300 g. Gegart wiegt das Steak nur noch 264 g. Wie viel % beträgt der Bratverlust?

%

215. Aufgabe

Für eine Gesellschaft von 16 Personen werden Kalbsteaks zu je 180 g Rohgewicht benötigt.

a) Wie viel kg Kalbfleisch sind einzukaufen?

Komma
kg ↓

b) Wie viel % Verlust sind beim Braten entstanden, wenn ein gegartes Kalbssteak 162 g wiegt?

%

216. Aufgabe

8,077 kg Roastbeef werden gebraten. Wie viele Portionen können gereicht werden, wenn eine Portion 140 g wiegen soll und mit einem Bratverlust von 22 % gerechnet wird?

Portionen

217. Aufgabe

Für eine kalte Platte wurde 7,500 kg Rindfleisch gebraten. Vor dem Aufschneiden wog es 6,375 kg. Wie viel % beträgt der Bratverlust?

%

7.3.5 Gewichtszunahme

218. Aufgabe

Milchreis nimmt beim Garen 154 % Kochwasser auf. Wie viel trockener Reis muss bereitgestellt werden, wenn 2,540 kg gegarter Reis für Desserts benötigt werden?

Komma
kg ↓

219. Aufgabe

Spaghetti nehmen beim Garen 160 % an Flüssigkeit auf. Wie viel kg sind zu erwarten, wenn 2,500 kg trockene Spaghetti gegart werden?

Komma
kg ↓

220. Aufgabe

Ein Kotelettstrang wiegt nach dem Pökeln 7,200 kg. Wie viel kg wog der Strang vor dem Pökeln, wenn die Pökelaufnahme 6,6 % betrug?

Komma
kg ↓

221. Aufgabe

Das Gargewicht von getrockneten Erbsen beträgt 2,760 kg. Wie viel kg getrocknete Erbsen wurden eingeweicht, wenn die Kochwasseraufnahme 35,3 % und die Einweichwasseraufnahme 4 % betrug?

Komma
kg ↓

222. Aufgabe

Getrocknete Linsen nehmen 34 % Einweichwasser und 23,9 % Kochwasser auf. Wie viel kg getrocknete Ware benötigt man für 20 Portionen je 145 g gekochte Linsen?

Komma
kg ↓

7.3.6 Gewichtsabnahme

223. Aufgabe

Das Einkaufsgewicht eines Rinderfilets beträgt 2,400 kg. Bei der Vorbereitung entsteht ein Parierverlust von 28 %.

a) Wie viele Filetsteaks zu je 180 g können aus dem Filet geschnitten werden?

Portionen

b) Was kostet ein Filetsteak, wenn der Einkaufspreis des ganzen Filets 36,00 EUR beträgt?

Komma
EUR↓ Ct.

224. Aufgabe

Es werden 6,720 kg Fisch zu einem kg-Preis von 7,80 EUR eingekauft. Es entsteht ein Gesamtverlust von 48 %.

a) Wie viel Euro kostet die gesamte Menge an Fisch?

Komma
EUR ↓ Ct.

b) Wie viel kg Rohgewicht stehen zur Verfügung?

Komma
kg ↓

c) Wie viele Portionen zu je 180 g Rohgewicht können verarbeitet werden?

Portionen

d) Wie viel Euro beträgt der Materialwert einer Portion?

Komma
EUR↓ Ct.

225. Aufgabe

1,000 kg Spargel kostet im Einkauf 8,40 EUR. Es entsteht ein Gesamtverlust von 40 %. Wie viel Euro beträgt der Materialwert einer Portion von 200 g Rohgewicht?

Komma
EUR↓ Ct.

226. Aufgabe

Bei Rosenkohl entsteht ein Putzverlust von 38 %. 1 kg Rosenkohl kostet im Einkauf 3,60 EUR. Berechnen Sie den Materialwert für eine Portion von 240 g!

Komma
EUR↓ Ct.

227. Aufgabe

Eine Kalbsnuss wiegt 2,440 kg. Nach dem Braten hat sie ein Gewicht von 1,630 kg. Der Braten wird in Portionen zu je 145 g aufgeschnitten. Der Kilo-Preis der Kalbsnuss beträgt 9,00 EUR.

a) Wie viel Euro kostet die Kalbsnuss?

Komma
EUR ↓ Ct.

b) Wie viele ganze Portionen können geschnitten werden?

Portionen

c) Wie viel Euro beträgt der Materialwert 1 Portion?

Komma
EUR↓ Ct.

d) Wie viel % beträgt der Bratverlust?

Komma
% ↓

8 Arbeiten im Service

228. Aufgabe

Was versteht man unter dem Härtegrad des Wassers?

1. Es ist die Mengenangabe an Chlor im Trinkwasser
2. Es ist die Mengenangabe an Spurenelementen im Trinkwasser
3. 1 Grad Härte heißt 1 Gramm Mineralien auf   1 l Wasser
4. 1 Grad Härte heißt 1 Gramm Mineralien auf   10 l Wasser
5. 1 Grad Härte heißt 1 Gramm Mineralien auf 100 l Wasser

229. Aufgabe

Welcher Bestandteil der Obstsäfte geht, ohne die Verdauung zu belasten, sofort ins Blut über?

1. Fruchtzucker
2. Malzzucker
3. Invertzucker
4. Mineralstoffe
5. Vitamine

230. Aufgabe

Welche Frucht ist die Grundlage zur klassischen Limonade?

1. Orange
2. Zitrone
3. Grapefruit
4. Mandarine
5. Clementine

231. Aufgabe

Welches Obstsafterzeugnis wird mit Zuckerlösung trinkfertig gemacht?

1. Most
2. Rohsaft
3. Dicksaft
4. Süßmost
5. Sirup

232. Aufgabe

Welche Rohstoffe werden zur Bierherstellung verwendet?

1. Wasser
2. Zucker
3. Malz
4. Hopfen
5. Hefe
6. Kohlensäure
7. Maismehl
8. Geschmacksverbesserer
9. Haltbarmachungsmittel

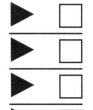

233. Aufgabe

Wie nennt man gekeimte Gerste?

1. Malz
2. Grünmalz
3. Darrmalz
4. Treber
5. Trester

234. Aufgabe

Wo wird in der Bundesrepublik Deutschland Hopfen angebaut?

1. In der Lüneburger Heide
2. In der Hallertau
3. In der Holsteinischen Schweiz
4. Bei Braunschweig
5. Bei Dortmund

235. Aufgabe

Wofür wird Hopfen für die Bierbereitung u. a. gebraucht?

1. Für die Farbbildung
2. Für das Schaumhaltevermögen
3. Für die Alkoholbildung
4. Für die Kohlensäurebildung
5. Für die Stärkeumwandlung

236. Aufgabe

Wie werden die Rückstände der Biermaische genannt?

1. Melasse
2. Trester
3. Treber
4. Abstich
5. Drusen

237. Aufgabe

Welchen Stammwürzgehalt muss Vollbier haben?

1. 2– 5%
2. 7– 8%
3. 11–14%
4. 16–18%
5. Über 18%

238. Aufgabe

Was bewirkt die Fermentation bei der Aufbereitung des Tees?

1. Die Blätter werden zerrissen
2. Die grüne Farbe schlägt in schwarz um
3. Die Gerbsäure wird in lösbare Verbindungen übergeführt
4. Es entwickeln sich die ätherischen Öle
5. Das Koffein wird teilweise zerstört

239. Aufgabe

Welches Land ist ein Teeanbauland?

1. Brasilien
2. Honduras
3. Indien
4. Venezuela
5. Puerto Rico

240. Aufgabe

Welche Teesorte ist grüner Tee?

1. Fannings
2. Gunpowder
3. Dust
4. Ziegeltee
5. Assam

241. Aufgabe

Bringen Sie die folgenden Qualitäten der Teeblattsorten in die richtige Reihenfolge, indem Sie die Ziffern 1 bis 5 in die Kästchen eintragen! (Beginnen Sie mit Flowery Orange Pecco!)

Souchong

Pecco

Flowery Orange Pecco

Pecco Souchong

Orange Pecco

242. Aufgabe

Wie heißt der Wirkstoff der Kakaobohne?

1. Teein
2. Theobromin
3. Koffein
4. Kokain
5. Teetannin

243. Aufgabe

Wie viel Gramm Tee benötigt man für die Zubereitung eines Glases?

1. Ca. 1,0 g bis 1,5 g
2. Ca. 2,5 g bis 3,5 g
3. Ca. 3,0 g bis 4,5 g
4. Ca. 5,0 g bis 7,0 g
5. Über 7,0 g

244. Aufgabe*

Welche Bedingung beeinflusst die Ziehdauer (Zubereitungszeit) des Kaffees?

1. Die Temperatur des Wassers
2. Der Mahlungsgrad des Kaffeemehls
3. Die Beschaffenheit des Kaffeefilters
4. Die Mischung des Kaffees
5. Die gewünschte Stärke des Getränks

* Die Eurobeträge stehen derzeit noch nicht fest

245. Aufgabe

Ordnen Sie die aufgeführten Kaffeegetränke den jeweiligen Bezeichnungen zu!

Kaffeegetränke

1. Kaffee mit Rum und Sahnehaube
2. Kaffee mit aufgeschäumter Milch, bestreut mit Schokoladenpulver
3. Kaffee mit Farinzucker, Irish Whiskey und leicht angeschlagener Sahne
4. Kaffeemehl mit Puderzucker gemischt, mit kaltem Wasser aufgefüllt und im Ibrik aufgekocht
5. Kaffee mit heißer Milch

Irishcoffee	3
Café au lait	5
Pharisäer	1
Cappuccino	2
Café turque	4

246. Aufgabe

Wie viel Prozent Mindestfettgehalt muss Kaffeesahne enthalten?

1.   3 %
2.   4,5%
3.   7,5%
4. 10,0%
5. 28,0%

▶ 4

247. Aufgabe

Welches alkoholfreie Getränk besteht zu 100 % aus Früchten?

1. Fruchtnektar
2. Fruchtsüßmost
3. Fruchtsaftgetränk
4. Fruchtsaft
5. Fruchtlimonade

▶ 4

248. Aufgabe

Ordnen Sie zu, indem Sie die Kennziffern der aufgeführten Limonaden in die Kästchen bei den Inhaltsstoffen eintragen!

Inhaltsstoffe

1. Ginger Ale
2. Kola
3. Tonic Water
4. Klare Limonade mit Zitronengeschmack

Essenz	4
koffeinhaltig	2
chininhaltig	3
Kräuteraroma	1

249. Aufgabe

Was versteht man unter „mise en place"?

1. Ganz allgemein die Vorbereitungsarbeiten
2. Die Vorbereitungsarbeiten im Office
3. Das Zusammenstellen der Geräte auf dem Arbeitstisch
4. Das Reinigen der Geräte
5. Das Eindecken des Tisches

250. Aufgabe

Wo trägt man die Handserviette?

1. Unter der linken Achsel
2. Über dem linken Unterarm
3. Sauber längs gefaltet über die linke Schulter
4. Gerollt in der linken Hand
5. Ordentlich zusammengefaltet in der linken Außentasche

251. Aufgabe

Welches Ausheben wird von der linken Seite des Gastes durchgeführt?

1. Das Ausheben der Gläser
2. Das Ausheben des Vorspeisentellers
3. Das Ausheben des Salattellers
4. Das Ausheben der Suppentasse
5. Das Ausheben des Besteckes

252. Aufgabe

Welches Teil eines Frühstückgedecks wird erst mit dem Aufgussgetränk eingesetzt?

1. Frühstücksteller
2. Tasse
3. Untertasse
4. Serviette
5. Besteck

253. Aufgabe

Welche Mineralwässer servieren Sie kalt?

1. Alle Mineralwässer
2. Alle Mineralwässer ohne Kohlensäure
3. Alle Mineralwässer mit Kohlensäure
4. Fachinger
5. Bad Wildunger

254. Aufgabe

Aus welchem Material bestehen Gläserpoliertücher?

1. Aus Halbleinen
2. Aus Reinleinen
3. Aus Baumwolle
4. Aus Naturseide
5. Aus Damast

255. Aufgabe

Zu einem festgelegten Zeitpunkt wird für alle Gäste des Hauses das gleiche Menü serviert. Um welche Art des Service handelt es sich?

1. Bankett-Service
2. Table-d'hôte-Service
3. Buffet-Service
4. À-la-carte-Service
5. À-part-Service

256. Aufgabe

Welche Schankgefäße brauchen keinen Füllstrich zu tragen?

1. Biergläser
2. Limonadengläser
3. Beisetzgläser
4. Südweingläser
5. Weingläser

257. Aufgabe

Wie werden Biergläser mit Vignetten beim Gast eingesetzt?

1. Vignette zeigt zum Gegenüber, damit dieser sieht, welches Bier man trinkt
2. Vignette zeigt zum Gast, damit sich dieser überzeugen kann, dass das Bier im Originalglas ausgeschenkt wird
3. Vignette zeigt nach rechts, damit die Service-Mitarbeiter sehen, welches Bier bei einer Nachbestellung gewünscht wird
4. Die Vignette sollte so gestellt werden, dass der Gast den Füllstrich leicht erkennen kann.
5. Für die Vignette gibt es keine feste Regel, da sie der Brauereiwerbung dient

258. Aufgabe

Ordnen Sie zu, indem Sie die Kennziffern von 4 der insgesamt 6 Bezeichnungen der Serviettenformen in die Kästchen bei den Abbildungen der Serviettenformen eintragen!

Bezeichnungen der Serviettenformen

1. Bischofsmütze
2. Pfau
3. Doppelter Tafelspitz
4. Französischer Hut
5. Lilie
6. Knospe

Abbildungen der Serviettenformen

259. Aufgabe

Ordnen Sie zu, indem Sie die Kennziffern von 3 der insgesamt 6 Verwendungszwecke in die Kästchen bei den Besteckarten eintragen!

Verwendungszwecke

1. Suppen in Tassen
2. Suppen in Tellern
3. Vorspeisen
4. Nachspeisen
5. Vorlegen von Speisen
6. Hauptspeisen

Besteckarten

Mittelmesser und Mittelgabel ☐

Großer Löffel und große Gabel ☐

Mittellöffel ☐

260. Aufgabe

Für welche Vorspeise ist das Einsetzen einer Fingerbowle erforderlich?

1. Für Spargelsalat mit Vinaigrettesauce
2. Für frische Artischocken mit Vinaigrettesauce
3. Für Artischockenböden mit Lebermus
4. Für mit Shrimps gefüllte Avocadoschiffchen
5. Für einen Nudel-Garnelensalat

▶ ☐

261. Aufgabe

Ordnen Sie zu, indem Sie die Kennziffern von 4 der insgesamt 7 Besteckteile in die Kästchen bei den Spezialbesteckteilen eintragen!

1. Fischbesteck
7. Steakmesser
3. Austerngabel
4. Krebsbesteck
5. Schneckenbesteck
6. Kaviarbesteck
7. Hummerbesteck

☐

☐

☐

☐

262. Aufgabe

Ordnen Sie zu, indem Sie die Kennziffern von 4 der insgesamt 7 Flaschenformen in die Kästchen bei den Flaschenbezeichnungen eintragen! (Siehe unten stehende Abbildung!)

| Flaschen-form 1 | Flaschen-form 2 | Flaschen-form 3 | Flaschen-form 4 | Flaschen-form 5 | Flaschen-form 6 | Flaschen-form 7 |

Flaschenformen

1. Flaschenform 1
2. Flaschenform 2
3. Flaschenform 3
4. Flaschenform 4
5. Flaschenform 5
6. Flaschenform 6
7. Flaschenform 7

Flaschenbezeichnungen

Burgunderflasche ☐

Bocksbeutelflasche ☐

Tokajerflasche ☐

Bordeauxflasche ☐

263. Aufgabe

Ein Gast hat auf seinem Teller das Besteck gekreuzt liegen. Was bedeutet das für den Auszubildenden Frank?

1. Der Gast wünscht Nachservice
2. Der Gast war mit dem Essen unzufrieden
3. Der Gast zeigt, dass der Teller abgeräumt werden kann
4. Der Gast möchte bezahlen
5. Der Gast war mit dem Essen zufrieden

▶ ☐

264. Aufgabe

Frank soll die Bierleitung vom Fass zum Zapfhahn nach den Richtlinien der Getränkeschankanlageverordnung reinigen. In welchen zeitlichen Abständen muss er diese Arbeit verrichten?

1. Jeden Abend
2. Jeden Sonntag
3. Wann immer er Zeit dazu hat
4. Alle 14 Tage
5. Einmal im Monat

▶ ☐

Situation zur 265. und 266. Aufgabe

Bei einer Veranstaltung ist Frank für den Getränkeservice zuständig. Er bringt Weißweinflaschen an den Tisch eines Gastes.

265. Aufgabe

Wie muss Frank die Flaschen tragen?

1. Er muss die Flaschen auf einem Tablett tragen
2. Er muss die Flaschen in einem Korb zum Tisch tragen
3. Er muss die Flaschen in Eis im Weinkühler tragen
4. Er muss die Flaschen in der Hand zum Tisch tragen
5. Er muss die Flaschen geöffnet zum Tisch tragen

266. Aufgabe

Frank bemerkt beim Öffnen einer Weißweinflasche, dass sich feste weiße Kristalle am Boden abgesetzt haben. Wie lautet der fachgerechte Ausdruck für diese Kristalle?

1. Depot
2. Zucker
3. Dosage
4. Schwefel
5. Weinstein

267. Aufgabe

Frank soll für den Service Menagen bereitstellen. Was ist damit gemeint?

1. Die Bierdeckel im Ständer
2. Die Gewürze im Ständer
3. Die Servietten und die Teelichter
4. Die Zuckerdose
5. Die Zahnstocher

268. Aufgabe

Sie werden beauftragt für das Frühstück die Grundgedecke einzudecken. Welches Gedeckteil darf nicht miteingedeckt werden?

1. Der Unterteller
2. Der Früstücksteller
3. Die Tasse
4. Der Kaffeelöffel
5. Der Mittelteller

269. Aufgabe

Beim Eindecken stellen Sie fest, dass ein Tisch wackelt. Wie können Sie dieses Problem beseitigen?

1. Sie legen einen oder mehrere Bierdeckel unter das Tischbein
2. Sie wechseln den wackelnden Tisch aus
3. Sie legen Korkscheiben unter das Tischbein
4. Sie falten eine Papierserviette und legen diese unter das Tischbein
5. Sie legen ein Klapperdeckchen unter das Tischbein

8.1 Fachausdrücke

270. Aufgabe

Ordnen Sie zu indem Sie die Kennziffern von 3 der insgesamt 6 französischen Fachausdrücke aus dem Servicebereich in die Kästchen bei den deutschen Bedeutungen eintragen!

Französische Fachausdrücke aus dem Servicebereich	Deutsche Bedeutungen
1. Couvert	
2. Service	Weinkellner ☐
3. Omnibus	
4. Bon	Gutschein ☐
5. Souper	
6. Sommelier	Gedeck ☐

271. Aufgabe

Ordnen Sie zu, indem Sie die Kennziffern von 5 der insgesamt 8 deutschen Bezeichnungen in die Kästchen bei den französischen bzw. englischen Übersetzungen eintragen!

Deutsche Bezeichnungen
1. Weinglas
2. Teller
3. Tischtuch
4. Ansagen
5. Aschenbecher
6. Rotwein
7. Brötchen
8. Deckserviette

Französische bzw. englische Übersetzungen

cendrier – ash-tray ☐

napperon – napkin ☐

petits pains – rolls ☐

annoncer – announce ☐

verre à vin – wine-glass ☐

272. Aufgabe

Ordnen Sie zu, indem Sie die Kennziffern von 6 der insgesamt 9 Arbeitsmittel in französischer Sprache in die Kästchen bei den deutschen Übersetzungen eintragen!

Arbeitsmittel in französischer Sprache
1. Tire bouchon
2. Ascenseur
3. Bouteille
4. Cuillère
5. Couteau
6. Ventilation
7. Saladière
8. Clef
9. Plat

Deutsche Übersetzungen

Flasche ☐

Messer ☐

Schüssel ☐

Aufzug ☐

Schlüssel ☐

Korkenzieher ☐

273. Aufgabe

Ordnen Sie zu, indem Sie die Kennziffern von 5 der insgesamt 8 englischen bzw. französischen Fachausdrücke in die Kästchen bei den deutschen Übersetzungen eintragen!

Englische bzw. französische Fachausdrücke
1. table – table
2. fork – fourchette
3. toothpick – cure-dent
4. Newspaper – journal
5. salt – sel
6. chair – chaise
7. decanter – carafe
8. mustard – moutarde

Deutsche Übersetzungen

Zahnstocher ☐

Zeitung ☐

Stuhl ☐

Senf ☐

Gabel ☐

Fachausdrücke

Arbeiten im Service

274. Aufgabe

Wie nennt man das Umgießen von Rotwein?

1. Moussieren
2. Dekantieren
3. Filtrieren
4. Frappieren
5. Degorgieren

▶ ☐

275. Aufgabe

Ordnen Sie die französischen Fachausdrücke den deutschen Bezeichnungen zu.

Französische Fachausdrücke

1. Frappieren
2. Supplément
3. À part
4. Couvert
5. Amuse gueule
6. À la minute
7. Cloche
8. Guéridon
9. Réchaud

Deutsche Bezeichnungen

Bezeichnung	Antwort
Gedeck	4
Schnellkühlung eines Getränkes	1
Appetitanregung	5
Nachservice	2
Warmhalteplatte	9
Extra reichen	3
Beistelltisch	8
Auf Bestellung zubereiten	6
Abdeckhaube	7

8.2 Rechtsvorschriften

Situation zur 276. bis 278. Aufgabe

Frank Möller lädt seine Freunde im Alter von 16 bis 17 Jahren anlässlich seines 17. Geburtstages in eine Gaststätte ein. Franks Eltern begleiten ihn nicht, da sie sich zu dieser Zeit im Urlaub befinden. Frank bestellt für alle Pizza und Bier. Er selbst wählt zusätzlich für sich noch ein Glas Weinbrand.

276. Aufgabe

Darf der Gastwirt Frank den Weinbrand verkaufen?

1. Ja, da Frank nur ein Glas bestellt hat
2. Nein, es sei denn Frank würde zusätzlich noch ein Glas Wasser bestellen
3. Nein, weil Frank noch nicht 18 Jahre alt ist
4. Ja, weil Frank beschränkt geschäftsfähig ist
5. Ja, weil Frank an diesem Tag 17 Jahre alt wird

277. Aufgabe

Wie lange darf Frank mit seinen Gästen in der Gaststätte bleiben?

1. Bis 20:00 Uhr
2. Bis 22:00 Uhr
3. Bis 24:00 Uhr
4. Bis 1:00 Uhr
5. So lange er will

278. Aufgabe

Frank kann die Rechnung nicht bezahlen und teilt dem Gastwirt mit, dass seine Eltern, wenn sie aus dem Urlaub zurück sind, vorbeikommen und die Rechnung begleichen. Dem Gastwirt sind weder Frank noch seine Eltern bekannt. Welches Recht hat der Gastwirt?

1. Der Gastwirt hat das Recht, Franks Armbanduhr als Pfand einzubehalten
2. Der Gastwirt hat das Recht, von jedem Jugendlichen ein Pfand einzubehalten
3. Der Gastwirt hat das Recht, den Personalausweis einzubehalten
4. Der Gastwirt hat das Recht, bis zum Eintreffen der Polizei Frank am Verlassen der Gaststätte zu hindern
5. Der Gastwirt bittet Frank für mehrere Stunden ohne Entgelt die Spülstraße zu betätigen

279. Aufgabe

Welche Betriebsart ist von der allgemeinen Sperrstunde ausgenommen?

1. Restaurant
2. Gasthof
3. Kantinen
4. Bierkneipen
5. Diskotheken

280. Aufgabe

Welche Definition über die Sperrzeitenregelung ist richtig?

1. Eine zeitliche Beschränkung der Berufsausübung im Interesse der öffentlichen Sicherheit und Ordnung
2. Gastronomische Betriebe können selbst entscheiden, zu welcher Tageszeit sie ihre Räumlichkeiten öffnen und schließen
3. Die zeitliche Beschränkung der Berufsausübung gilt von 11 Uhr–24 Uhr
4. Die allgemeine Sperrzeitenregelung ist gültig von 24 Uhr bis 6 Uhr
5. Die Sperrzeitenregelung gilt für alle gastronomischen Betriebe und ist gesetzlich geregelt

281. Aufgabe

Wer setzt die allgemeinen Sperrzeiten fest?

1. Die IHK
2. Der Hotel- und Gaststättenverband
3. Die Landesregierung
4. Der Gastronom
5. Die Bundesregierung

282. Aufgabe

Ein Gast bestellt in einem Restaurant etwas zu essen, aber nichts zu trinken. Daraufhin erhöht der Gastwirt den Preis für das Gericht. Gegen welches Gesetz wird hier verstoßen?

1. Getränkeausschankgesetz
2. Koppelungsverbot
3. Trinkzwangverbot
4. Hotel- und Gaststättengesetz
5. Preisauszeichnungsverordnung

283. Aufgabe

Welche Aussage über das Kopplungsverbot ist richtig?

1. Der Gast muss die Getränke vor den Speisen bestellen
2. Der Gast kann nicht dazu gezwungen werden, alkoholfreie Getränke nur in Verbindung mit alkoholhaltigen Getränken zu bestellen
3. Der Gastwirt darf dem Gast nur alkoholhaltige Getränke zum Essen anbieten
4. Der Gast darf nur aus der Getränkekarte Getränke zu seinen Speisen bestellen
5. Der Gast ist verpflichtet, ein Getränk zu den Speisen zu bestellen

284. Aufgabe

Welche Aussage ist durch die Peisangabenverordnung verbindlich geregelt?

1. Eine Speisenkarte enthält immer Inklusivpreise ohne Mehrwertsteuer
2. Eine Speisenkarte enthält immer verbindliche Inklusivpreise
3. Eine Speisenkarte enthält immer Inklusivpreise ohne Gesamtaufschlag
4. Eine Speisenkarte enthält immer Inklusivpreise ohne Serviceleistung
5. Eine Speisenkarte enthält immer Inklusivpreise ohne Mehrwertsteuer

285. Aufgabe

Welche Voraussetzung für eine Konzessionserteilung ist nicht erforderlich?

1. Persönliche Zuverlässigkeit, Polizeiliches Führungszeugnis
2. Unterrichtungsnachweis über lebensmittelrechtliche Kenntnisse
3. Vorlage eines ärztlichen Gutachtens, das dem Antragsteller die Gesundheit bestätigt
4. Eine Kopie des Pachtvertrages über die gepachteten Räume
5. Die gastronomisch genutzten Räume entsprechen den von den Ländern erlassenen Vorschriften

286. Aufgabe

Welcher Betrieb ist erlaubnisfrei?

1. Speisegaststätte
2. Betriebskantine
3. Gasthof
4. Nachtlokal
5. Bistro

287. Aufgabe

In welchem Fall kann dem Gastronom die Konzession entzogen werden?

1. Bei Beschäftigung ausländischer Arbeitnehmer
2. Bei dauerhafter Nichtbeachtung des Jugenschutzgesetzes
3. Verkauf von alkoholischen Getränken nach 24 Uhr
4. Der Gastronom hat keine abgeschlossene Ausbildung als Koch abgelegt
5. Wenn ein Gastronom in seinem Betrieb Flipperautomaten aufstellt

288. Aufgabe

Welche Aussage über eingebrachte Sachen im Hotel ist richtig?

1. Eingebrachte Sachen sind alle Gegenstände, die das Hotel dem Gast zur Verfügung stellt
2. Eingebrachte Sachen sind Kleidungsstücke, die der Gast an die Restaurantgarderobe hängt
3. Eingebrachte Sachen sind alle Gegenstände, die der Gast während seines Hotelaufenthaltes mit auf das Zimmer nimmt
4. Eingebrachte Sachen sind Wertgegenstände, die sich im Wagen des Gastes befinden
5. Eingebrachte Sachen sind alle Gegenstände, die der Gast im Hotel vergisst

Rechtsvorschriften

289. Aufgabe

Für welche Betriebsart gilt die strenge Haftung?

1. Bistro
2. Bahnhofsgaststätte
3. Hotel
4. Restaurant
5. Strauß- und Besenwirtschaft

290. Aufgabe

Welche der nachstehenden Erlaubnisarten ist eine vorläufige Erlaubnis?

1. Für 2 Monate befristete Erlaubnis
2. Auf Lebenszeit des Gastwirts erteilte Erlaubnis
3. Für 3 Monate bis zur Erteilung der Dauererlaubnis
4. Von Beginn des Konzessionsentzuges an bis zur Konzessionsneuerteilung
5. Eine Erlaubnis zum kurzfristigen Ausschank von Getränken jeglicher Art

291. Aufgabe

Auf einer Speisenkarte steht das Gericht „Cordon bleu". Der Koch nimmt dafür Schweinefleisch, da er kein Kalb-fleisch mehr im Kühlhaus hat. Er weist den Gast nicht darauf hin. Worum handelt es sich hierbei?

1. Um einen Verstoß gegen die Lebensmittelkennzeichnungsverordnung
2. Um eine Warenunterschiebung
3. Um einen Verstoß gegen das Lebensmittel- und Bedarfsgegenständegesetz
4. Um eine Notlüge, die rechtlich abgesichert ist
5. Um einen Verstoß gegen den unlauteren Wettbewerb

292. Aufgabe

Nach was richtet sich die Haftungssumme für eingebrachte Sachen?

1. Nach dem Beherbergungspreis für 1 Übernachtung in EUR
2. Nach dem Wert der eingebrachten Sachen, die dem Gast entwendet wurden
3. Nach der Höhe der abgeschlossenen Diebstahlversicherung
4. Nach der Größe des Beherbergungsbetriebs
5. Nach der Anzahl der Koffer, die der Gast mit ins Hotelzimmer nimmt

293. Aufgabe

In welchem Fall muss der Beherbergungswirt für das Abhandenkommen von eingebrachten Sachen der Übernach-tungsgäste haften?

1. Wenn der Hotelier keinen Zimmertresor nachweisen kann
2. Wenn der Gast die entsprechenden Sicherheitsvorschriften nicht beachtet
3. Wenn der Schaden von einer vom Gast mitgebrachten Person verursacht wird
4. Wenn das Zimmermädchen einen Gegenstand aus dem Zimmer des Gastes entwendet
5. Wenn der Gast seine Wertsachen nicht im Zimmertresor aufbewahrt

294. Aufgabe*

Herr Meier übernachtet im Hotel Bierbaum. Während seines Aufenthaltes wird ihm ein wertvoller Smoking aus dem Zimmer entwendet. Bis zu welchem Betrag kann Herr Meier fordern, wenn der Zimmerpreis pro Übernachtung 140,00 DM beträgt?

1. Bis zu   1.000,00 DM
2. Bis zu   1.800,00 DM
3. Bis zu   6.000,00 DM
4. Bis zu 10.000,00 DM
5. Bis zu 14.000,00 DM

* Die Eurobeträge stehen derzeit noch nicht fest

295. Aufgabe

An welchen Sachen hat der Beherbergungswirt ein Pfandrecht?

1. An Gegenständen, die sich im Wagen des Gastes befinden
2. An persönlichen Sachen des Gastes wie z. B. Trauring
3. An Sachen, die eingebracht und Eigentum des Gastes sind
4. An Gegenständen, die der Gast zur Ausübung seines Berufes benötigt
5. An unentbehrlichen Kleidungsstücken des Gastes

▶ 3

296. Aufgabe

Welche Aussage über den gesetzlichen Finderlohn ist richtig?

1. 5 % vom tatsächlichen Wert der verlorenen Sache
2. Der Finder und der Verlierer einigen sich über einen von ihnen gewählten Betrag
3. Grundsätzlich einen einmaligen Betrag von 25,00 EUR
4. Dem Finder steht ein Finderlohn von 8 % zu, wenn die verlorene Sache mindestens einen Wert von 500,00 DM aufweist
5. Bei Sachen bis zu 500,00 EUR 5 %, von dem Mehrwert 3 %, bei Tieren immer 3 %

▶ 5

8.3 Lernfeldbezogenes Rechnen

8.3.1 Zapfverlust

297. Aufgabe

Eine Brauerei liefert einem Restaurant folgende Fässer Bier: 3 Fässer mit je 30,00 l, 2 Fässer mit je 50,00 l und 1 Fass mit 1 hl. Wie viel l beträgt der Zapfverlust, wenn 600 Gläser zu je 0,4 l und 206 Gläser zu je 0,2 l von dieser Bierlieferung ausgeschenkt wurden?

Liter ☐

298. Aufgabe

Aus einem 30-l-Fass wurden unter Berücksichtigung von 3 % Zapfverlust 0,3 l Gläser ausgeschenkt. Wie viele volle Gläser konnten ausgeschenkt werden?

Gläser ☐

299. Aufgabe

Bei einer Veranstaltung wurden 24 Gläser Bier zu je 0,4 l und 52 Gläser Bier zu je 0,2 l gezapft. Der Zapfverlust betrug 6 %. Wie viel l Bier konnten abgerechnet werden?

Liter ☐

300. Aufgabe

Es wurden anlässlich eines Balls 724 Gläser Bier zu je 0,3 l und 707 Gläser Bier zu je 0,4 l Inhalt ausgeschenkt. Wie viel hl Bier wurden bei einem Zapfverlust von 4 % verbraucht?

hl und l ☐ ☐

301. Aufgabe

Ein Fass Bier mit 50 l Inhalt wird angestochen. Zum Ausschank werden 0,3-l-Gläser verwendet. Bei sachgemäßem Zapfen entsteht ein Zapfverlust von 3 %, durch unsachgemäßes Zapfen jedoch ein Verlust von 7 %.

a) Wie viele Gläser Bier können in beiden Fällen gezapft werden?

Gläser ☐   Gläser ☐

b) Geben Sie den Verlust in Gläser an, der bei unsachgemäßem Zapfen entsteht.

Gläser ☐

8.3.2 Schankverlust und Abfüllverlust

302. Aufgabe

Für den Ausschank einer Flasche Whisky mit 0,7 l Inhalt wird mit einem Ausschankverlust von 2 cl gerechnet. Wie viele Gläser mit je 4 cl können aus der Flasche gefüllt werden?

Gläser

---

303. Aufgabe

Auf einem Faschingsball wurden an der Sektbar 42 Flaschen Sekt mit 0,75 l Inhalt ausgeschenkt. Wie viele Gläser zu je 0,1 l konnten bei einem Ausschankverlust von 6% verkauft werden?

Gläser

---

304. Aufgabe

Zu einer Feier werden 80 Personen erwartet. Jeder der Gäste soll zur Begrüßung einen Haustrunk erhalten. Man rechnet mit 2 Gläsern à 5 cl pro Person. Wie viele l des Getränks sind bei einem Ausschankverlust von 4% bereitzustellen?

Liter

---

305. Aufgabe

Ein Gastronom kauft bei einem Weinhändler 6 Kisten Rotwein à 6 Flaschen zu je 0,7 l und 9 Kisten Weißwein à 12 Flaschen zu je 1 l ein. Wie viele Karaffen von 0,25 l Inhalt können bei einem Ausschankverlust von 4% verkauft werden?

Karaffen

---

306. Aufgabe

Aus einem Fass Wein wurden 127 0,7-l-Flaschen abgefüllt. Der Abfüllverlust betrug 4,5%. Wie viele l waren vor dem Abfüllen in dem Fass?

Komma
Liter ↓

---

307. Aufgabe

Ein Halbstück Mosel (595 l) wird eingekauft. Wie viele 0,7-l-Flaschen können gefüllt werden, wenn der Abfüllverlust 2% beträgt?

Flaschen

---

308. Aufgabe

Ein Weinfass enthält 608 l Wein. Es werden daraus 780 Flaschen zu 0,75 l abgefüllt. Berechnen Sie den Abfüllverlust in %.

Komma
% ↓

---

309. Aufgabe

Bei der Verwendung von 2-cl-Gläsern können folgende Mengen abgefüllt werden: Aus einer 1-l-Flasche 46 volle Gläser und aus einer 0,7-l-Flasche 32 volle Gläser.

a) Wie viele Gläser mit 2 cl Inhalt könnten ohne Berücksichtigung des Schankverlustes aus beiden Flaschen ausgeschenkt werden?

Gläser   Gläser

b) Ermitteln Sie den Schankverlust in Gläsern!

Gläser   Gläser

Komma
% ↓

c) Berechnen Sie den Schankverlust in %!

310. Aufgabe

Aus einem Fass Bier mit 50,00 l Inhalt wurden 160 Gläser zu je 0,3 l ausgeschenkt. Wie viel % beträgt der Schankverlust?

%
☐

8.3.3 Mengen und Materialkosten von Getränken

311. Aufgabe

Zum Frühstück wünscht eine Familie Orangensaft natur.

a) Wie viel kg Orangen sind auszupressen, wenn die Ausbeute beim Pressen 35 % beträgt und 8 Gläser je 0,2 l verlangt werden?

Komma
kg ↓
☐☐

b) Welcher Materialpreis ergibt sich je Glas, wenn 1 kg Orangen 1,10 EUR kostet?

Komma
EUR↓ Ct.
☐☐

312. Aufgabe

In einem Bistro werden am Wochenende folgende Mengen Bier verkauft:
450 Gläser je 0,2 l zu 0,95 EUR
125 Gläser je 0,5 l zu 2,30 EUR
280 Gläser je 0,4 l zu 1,90 EUR

a) Wie viel l Bier werden insgesamt verkauft?

Liter
☐☐

b) Wie viel Euro beträgt der Gesamtumsatz?

EUR
☐

c) Wie viel Euro beträgt der durchschnittliche Verkaufspreis je l (aufrunden)?

Komma
EUR↓ Ct.
☐☐

313. Aufgabe

Eine Flasche Weißwein mit 0,75 l Inhalt wird für 6,50 EUR eingekauft. Wie viel Euro betragen die Einkaufskosten für einen 0,2-l-Schoppen?

Komma
EUR↓ Ct.
☐☐

314. Aufgabe

Aus einem Fass Bier mit 50 l Inhalt werden Gläser von 0,3 l gezapft. Der Zapfverlust beträgt 4,8 %.

a) Wie viele Gläser können ausgeschenkt werden?

Gläser
☐

b) Wie viel l Zapfverlust ist entstanden?

Liter
☐☐

c) Wie viel Euro beträgt der Materialwert für ein Glas Bier, wenn das Fass beim Einkauf 75,00 EUR kostet?

Komma
EUR↓ Ct.
☐☐

315. Aufgabe

Eine Flasche Wein wird auf der Karte für 18,50 EUR angeboten. Der Gesamtaufschlag beträgt 230 %. Wie viel Euro hat die Flasche im Einkauf gekostet?

Komma
EUR↓ Ct.
☐☐

316. Aufgabe

Das Rezept für einen Glühwein sieht folgende Zutaten vor: 0,2 l Rotwein, 1/4 Zitrone, Zucker, Gewürze. Berechnen Sie, wie viele 0,7-l-Flaschen zurechtgestellt werden müssen, wenn eine Gesellschaft von 42 Personen je 2 Gläser Glühwein bekommen soll.

Flaschen
☐

9 Arbeiten im Magazin

Situation zur 317. bis 319. Aufgabe

Das Restaurant „Zur Krone" erhält eine Lieferung tiefgefrorenen Fisch. Der Auszubildende Frank soll die Ware annehmen.

317. Aufgabe

Was muss Frank beim Eingang der Ware noch in Gegenwart des Lieferers prüfen?

1. Qualität, Quantität, Mindesthaltbarkeit, äußere Verpackung
2. Quantität, Mindesthaltbarkeit, Aufmachung
3. Art, Aufmachung, Quantität, Qualität
4. Qualität, Quantität, Preis, Aufmachung
5. Qualität, Quantität, Preis, äußere Verpackung

318. Aufgabe

Bei der Überprüfung des tiefgefrorenen Fisches stellt Frank fest, dass der Fisch Gefrierbrand aufweist. Wodurch entsteht Gefrierbrand?

1. Durch Unterbrechung der Tiefkühlkette
2. Durch eine luftdurchlässige Verpackung des Fisches
3. Durch zu schnelles Einfrieren des Fisches
4. Durch zu langsames Einfrieren des Fisches
5. Durch zu hohen Feuchtigkeitsgehalt des Fisches

319. Aufgabe

Wie muss Frank sich bei der Warenannahme korrekt verhalten, nachdem er den Gefrierbrand festgestellt hat?

1. Er muss den Schaden sofort mündlich rügen
9. Er muss einen Preisnachlass mit dem Lieferer aushandeln
3. Er muss die Annahme der gelieferten Ware verweigern
4. Er muss den Verpackungsschaden auf dem Lieferschein vermerken
5. Er muss den Schaden sofort seinem Chef melden

320. Aufgabe

In welchem Fall liegt bei einer gelieferten Ware ein Artmangel vor?

1. Der Ware fehlt die vom Lieferer zugesicherte Eigenschaft
2. Die Ware ist verkehrt geliefert worden
3. Die Ware ist nicht in der bestellten Menge geliefert worden
4. Für die bestellte Ware ist eine andere geliefert worden
5. Die gelieferte Ware hat eine geringere Güte als die bestellte

321. Aufgabe

Bringen Sie die folgenden Schritte des Warenweges nach dem Kostenablauf im F & B-Bereich in die richtige Reihenfolge, indem Sie die Ziffern 1 bis 8 in die Kästchen eintragen! (Beginnen Sie mit Einkauf!)

Lagerung ☐

Service ☐

Einkauf ☐

Zubereitung ☐

Warenannahme ☐

Grundvorbereitung ☐

Warenausgabe ☐

Buchhalterische Erfassung ☐

322. Aufgabe

In welcher Kartei werden die mengenmäßigen Zu- und Abgänge von Waren verzeichnet?

1. In der Küchenverbrauchskartei
2. In der Einkaufskartei
3. In der Absatzkartei
4. In der Bezugsquellenkartei
5. In der Lagerkartei

▶ ☐

323. Aufgabe

Die Lagerfachkarte ist direkt am Lagergut angebracht und gibt Auskunft über die aktuelle Lagermenge. Aus der Karte ist ersichtlich, wann eine Nachbestellung erfolgen muss. Welche Daten sind dafür notwendig?

1. Mindestbestand, Meldebestand, Eiserne Reserve
2. Durchschnittlicher Lagerbestand, Meldebestand, Jahresendbestand
3. Mindestbestand, Meldebestand, Höchstbestand
4. Lagerumschlagshäufigkeit, Mindestbestand, Höchstbestand
5. Mindestbestand, Höchstbestand, Anfangsbestand

▶ ☐

324. Aufgabe

Kennzeichnen Sie

notwendige Kontrollen bei der Warenannahme mit einer 1

nicht notwendige Kontrollen mit einer 2.

Die Stückzahl der Weinflaschen ☐

Die Qualität des Weines durch Probe ☐

Die Temperatur des Weines ☐

Die Vollständigkeit der Sendung gem. Lieferschein ☐

Die Zahlungsbedingungen ☐

Die Qualität des Weines laut Etikett ☐

325. Aufgabe

Bringen Sie die Kette der Werterhaltung in die richtige Reihenfolge, indem Sie die Ziffern 1 bis 5 in die Kästchen eintragen!

Transport ☐

Verarbeitung ☐

Anbau ☐

Haltbarmachung ☐

Lagerung ☐

326. Aufgabe

Was versteht man unter dem Begriff „eiserner Bestand"?

1. Den Anfangsbestand
2. Den augenblicklichen Bestand
3. Den Istbestand
4. Den Sollbestand
5. Den Reservebestand

▶ ☐

327. Aufgabe

Frank soll bei der Inventur im Magazin mithelfen. Welche Tätigkeit muss Frank verrichten?

1. Er muss die gelieferte Ware in die Lagerkartei eintragen
2. Er muss die gelagerte Ware zahlen- und mengenmäßig erfassen
3. Er muss die Warenbewegung eines jeden im Magazin gelagerten Artikels auflisten
4. Er muss die gelagerte Ware umschichten
5. Er muss Soll- und Istbestand ermitteln

328. Aufgabe

Wie wird die Reklamation einer Warensendung genannt?

1. Wandelung
2. Minderung
3. Mängelrüge
4. Umtausch
5. Rücksendung

329. Aufgabe

Welche Angaben müssen konservierte Lebensmittel enthalten, die zwischen drei und achtzehn Monaten haltbar sind?

1. Tag und Monat
2. Tag und Jahr
3. Monat und Jahr
4. Nur den Monat
5. Nur das Jahr

330. Aufgabe

In welcher Form muss die Mindesthaltbarkeitsdauer auf Packungen von Lebensmitteln tierischer Herkunft gekennzeichnet sein?

1. Verschlüsselt nach Tag, Monat und Jahr
2. Unverschlüsselt nach Monat und Jahr
3. Verschlüsselt nach Monat und Jahr
4. Unverschlüsselt nach Tag, Monat und Jahr
5. Unverschlüsselt mit Jahresangaben

331. Aufgabe

Welche Ware kann durch Verwendung von Öl kurzfristig eingelagert werden?

1. Angebrochene Fischdosen
2. Angebrochene Tomatenmarkgläser
3. Angebrochene Obstdosen
4. Angeschnittener Käse
5. Angeschnittene Kochwurst

332. Aufgabe

Die Lagerung von Hackfleisch ist in der Hackfleischverordnung geregelt. Wie muss daher Hackfleisch nach Arbeitsschluss behandelt werden?

1. Luftdicht verpackt und ins Kühlhaus gelegt werden
2. Verpackt und tiefgefroren werden
3. Mit Pökelsalz angesalzen werden
4. In einen Zustand versetzt werden, dass es am anderen Tag nicht mehr als Hackfleisch zu verkaufen ist
5. Es muss vernichtet werden

333. Aufgabe

Welche Temperatur soll im Kühlhaus für Schlachtfleisch herrschen?

1. + 6 °C bis + 1 °C
2. + 3 °C bis   0 °C
3. − 5 °C bis −10 °C
4. −12 °C bis −18 °C
5. Unter −18 °C

334. Aufgabe

Bei welcher Temperatur wird Tiefkühlkost aufbewahrt?

1. Bis − 3 Grad
2. Bei −10 Grad
3. Bei −15 Grad
4. Bei −18 Grad
5. Bei −25 Grad

---

335. Aufgabe

Welche Verpackung eignet sich am besten für die Verpackung von Lebensmitteln im Gefriergerät?

1. Zeitungspapier
2. Pergamentpapier
3. Plastikbeutel
4. Packpapier
5. Leinentuch

---

336. Aufgabe

Wie sind Trockenfrüchte aufzubewahren?

1. In hellen, luftigen Räumen
2. In geschlossenen Behältern
3. In Steigen
4. Lose ins Bord geschüttet
5. In Tüten, beschriftet

---

337. Aufgabe

Welche Waren dürfen nicht zu trocken gelagert werden?

1. Textilwaren
2. Tabakwaren
3. Zuckerwaren
4. Holzwaren
5. Metallwaren

---

338. Aufgabe

Welche Ware muss im Trockenlager aufbewahrt werden?

1. Eier
2. Butter
3. Gewürze
4. Fleisch
5. Käse

---

339. Aufgabe

Welche Warengruppe muss trocken und lichtgeschützt aufbewahrt werden?

1. Eier, Gewürze, Kaffee
2. Fett, Tee, Hülsenfrüchte
3. Konserven, Mehl, Zucker
4. Gewürze, Mehl, Cereals
5. Zucker, Tee, Wurstwaren

---

340. Aufgabe

Bei welcher Temperatur ist Frischmilch kurzfristig zu lagern?

1. −18 Grad
2. −3 Grad bis −5 Grad
3. Um 0 Grad
4. +4 Grad bis +5 Grad
5. +10 Grad bis +12 Grad

341. Aufgabe

Warum wird Käse mit abgedeckten Schnittflächen im Kühlschrank aufbewahrt?

1. Um den Mineralstoffgehalt zu erhalten
2. Um Vitaminverluste zu verhindern
3. Um Enzyme zu fördern
4. Um den Reifungsprozess zu unterbinden
5. Um ein Austrocknen zu verhindern

342. Aufgabe

Wie werden abgekochte Nudeln aufbewahrt?

1. Im trockenen Tuch auf einem Weißblech
2. In einem Gefäß mit Salzwasser
3. Im geölten Papier auf einem Weißblech
4. In einem feuchten Tuch auf einem Holzbrett
5. In einem Gefäß im trockenen Zustand

343. Aufgabe

Was wird durch das Aufbewahren des Kaffees in luftdichten Verpackungen verhindert?

1. Ein Fermentieren
2. Eine Nachfärbung
3. Schrumpfen der Bohnen
4. Das Entweichen des Aromas
5. Ein Farbverlust

344. Aufgabe

Wie müssen Eier gelagert werden?

1. Kühl und dunkel
2. Warm und dunkel
3. Kühl und hell
4. Warm und feucht
5. Warm und hell

345. Aufgabe

Wie muss Räucherfisch aufbewahrt werden?

1. Auf einem Weißblech und trocken gestapelt
2. Auf einem Weißblech mit Salzzusatz in trockenen Tüchern
3. Auf einem Weißblech ohne Salzzusatz in feuchten Tüchern
4. Auf einem Weißblech in geöltem Papier
5. Auf einem Weißblech mit Salzzusatz in feuchten Tüchern

346. Aufgabe

Wie werden lebende Fische im Bassin gehalten?

1. In ständig fließendem Wasser und dauernder Sauerstoffzufuhr
2. In stehendem Wasser und dauernder Sauerstoffzufuhr
3. In ständig fließendem Wasser und unterbrochener Sauerstoffzufuhr
4. In stehendem Wasser und unterbrochener Sauerstoffzufuhr
5. In ständig fließendem Wasser ohne Sauerstoffzufuhr

---

347. Aufgabe

Kennzeichnen Sie bei den aufgeführten Fischen die Fische,

die lebend aufbewahrt werden können
mit einer 1

die gekühlt gelagert werden müssen
mit einer 2.

Karpfen	☐
Hering	☐
Forelle	☐
Aal	☐
Rotbarsch	☐
Schellfisch	☐

---

348. Aufgabe

In welchem Lager werden frische Gemüse aufbewahrt?

1. Im Hilfsmittellager
2. Im Halbfertigwarenlager
3. Im Fertigwarenlager
4. Im Rohstofflager
5. Im Betriebsmittellager

---

349. Aufgabe

In welchem Lager wird frisches Obst aufbewahrt?

1. Im Fleischkühlhaus
2. Im Kartoffelkeller
3. Im Gemüsekühlraum
4. Im Hilfsmittellager
5. Im Konservenlager

---

350. Aufgabe

Welche Konserven können bei plus 25 Grad Celsius 4 Jahre gelagert werden?

1. Halbkonserven
2. Dreiviertelkonserven
3. Vollkonserven
4. Tropenkonserven
5. Präserven

Arbeiten im Magazin

351. Aufgabe

Worüber gibt der Lageranforderungsschein der Küche an das Rohstofflager u. a. Aufschluss?

1. Über den Mindestbestand des Küchentagesmagazins
2. Über den Meldebestand des Küchentagesmagazins
3. Über den Eisernen Bestand des Rohstofflagers
4. Über die Menge der benötigten Ware des Küchentagesmagazins
5. Über die Bezugsquellen der im Rohstofflager verwahrten Waren

352. Aufgabe

Frank wird beauftragt, für die Küche Mehl aus dem Magazin zu holen. Damit er die Ware ausgehändigt bekommt, muss er einen Warenanforderungsschein ausfüllen. Welche Angaben muss der Warenanforderungsschein mindestens enthalten?

1. Menge, Verfalldatum, Preis
2. Meldebestand, Menge, Datum
3. Name des Anfordernden, Datum, Preis, Handelsklasse
4. Artikelbezeichnung, Preis, Datum
5. Menge, Artikelbezeichnung, Datum, Name des Anfordernden

9.1 Rechtsvorschriften

Situation zur 353. bis 357. Aufgabe

Der Chef des Restaurants „Zur Krone" möchte sein bisheriges Weinangebot durch Weine aus ökologischem Weinbau erweitern. Er schickt eine Anfrage an verschiedene Winzer mit der Bitte um ein Angebot.

353. Aufgabe

Das Angebot der Firma Siebert enthält unter anderem die Klausel „freibleibend". Was bedeutet das?

1. Das Angebot ist in allen Teilen verbindlich
2. Das Angebot ist völlig unverbindlich
3. Das Angebot gilt nur solange der Vorrat reicht
4. Das Angebot kann jederzeit widerrufen werden
5. Das Angebot ist befristet

354. Aufgabe

Die Angebote enthalten verschiedene Angebotsformulierungen. Ordnen Sie den Angebotsformulierungen die entsprechende Kaufvertragsart zu.

Kaufvertragsart	Angebotsformulierungen
1. Kauf zur Probe	
2. Kauf auf Probe	„Gerne übersenden wir Ihnen eine kostenlose Probe verschiedener Weine"
3. Kauf nach Probe	
4. Kauf auf Abruf	„Sie können die bestellten Weine nach Ihren Wünschen abrufen"
5. Fixkauf	
6. Spezifikationskauf	„Wir senden Ihnen eine Weinprobe zum Preis von 26,00 Euro zu"
7. Stückkauf	
	„Nach der Bestellung der Beerenauslese können Sie innerhalb vier Wochen die Form und die Farbe der Flaschen bestimmen"

355. Aufgabe

Bringen Sie die folgenden Schritte zur Abwicklung des Kaufvertrages in die richtige Reihenfolge!

Frank nimmt die bestellten Weine entgegen und unterzeichnet den Lieferschein ☐

Frank stellt eine Anfrage an die Firma Siebert zur Lieferung von ökologischen Weinen ☐

Die Firma Siebert liefert den bestellten Wein ☐

Die Firma Siebert antwortet durch Übersendung eines Angebotes ☐

Franks Chef bezahlt die Rechnung ☐

Frank bestellt bei der Firma Siebert 60 Flaschen Wein ☐

356. Aufgabe

Bei der Erfüllung des Kaufvertrages können Störungen auftreten. Die 60 Flaschen Wein wurden nicht zum festgelegten Zeitpunkt geliefert. Wie nennt man die Störung?

1. Annahmeverzug
2. Zahlungsverzug
3. Lieferungsverzug
4. Lieferungsschwierigkeiten
5. Lieferungsbedingungen

▶ ☐

357. Aufgabe

In zwei von 60 Weißweinflaschen wurde fälschlicherweise Rotwein eingefüllt. Um welche Art des Mangels handelt es sich?

1. Mangel in der Qualität
2. Mangel in der Quantität
3. Mangel in der Aufmachung
4. Mangel in der Art
5. Arglistig verschwiegener Mangel

▶ ☐

9.2 Lernfeldbezogenes Rechnen

9.2.1 Die Lagerkarteikarte

358. Aufgabe

Einer Lagerkarteikarte können folgende Eintragungen entnommen werden:

Bestand:	126,4 kg
Verbrauch:	14,8 kg
Verbrauch:	23,6 kg
Verbrauch:	25,4 kg
Zugang:	52,0 kg
Verbrauch:	16,7 kg
Verbrauch:	19,3 kg

Wie viel kg beträgt der Endbestand?

Arbeiten im Magazin

359. Aufgabe

Aus einem Weinkeller werden im Laufe eines Monats 8, 10, 6, 14, 7, 19 und 12 Flaschen Rotwein entnommen und in der Lagerkarteikarte unter Verbrauch ausgetragen. Unter Zugang werden 36 Flaschen notiert. Am Anfang des Monats betrug der Bestand 246 Flaschen.

Wie viele Flaschen Rotwein befinden sich am Ende des Monats im Weinkeller?

Flaschen

---

360. Aufgabe

Im Kartoffelkeller eines Restaurants lagern am 1. Februar 78,000 kg. Es werden 3 dz bestellt und am 4. Februar eingelagert. Folgende Mengen wurden im Februar entnommen:

5. des Monats	Verbrauch	7,000 kg
7. des Monats	Verbrauch	24,000 kg
10. des Monats	Verbrauch	18,300 kg
11. des Monats	Verbrauch	36,400 kg
13. des Monats	Verbrauch	27,600 kg
14. des Monats	Verbrauch	12,000 kg
15. des Monats	Verbrauch	46,000 kg

Wie viel kg lagern am 16. Februar noch im Kartoffelkeller?

kg

---

361. Aufgabe

Am Wochenanfang sind von einer Wurstsorte 5,425 kg im Kühlhaus vorhanden. Es werden im Laufe der Woche folgende Mengen ausgegeben: 3/4 kg, 1/4 kg, 0,450 kg, 7/8 kg, 0,300 kg, 4/5 kg, 0,500 kg.

Wie viel g befinden sich am Ende der Woche im Kühlhaus?

Gramm

9.2.2 Lagerkennzahlen

362. Aufgabe

Der durchschnittliche Tagesverbrauch an Tomaten liegt bei 3 Steigen. Die Lieferzeit beträgt 2 Tage und der Mindestbestand liegt bei 6 Steigen.

Errechnen Sie den Meldebestand!

Steigen

---

363. Aufgabe

Ein Restaurant wird von einem Gemüse-Großhändler in Abständen von 4 Tagen beliefert. Der durchschnittliche Tagesverbrauch an Äpfeln liegt bei 30 Stück. Der Sicherheitszuschlag beträgt 4 Tage.

Geben Sie den Mindestbestand und den Meldebestand an!

Äpfel   Äpfel

---

364. Aufgabe

Ermitteln Sie den Meldebestand bei einem durchschnittlichen Tagesverbrauch von 8 Flaschen Champagner, einer Lieferzeit von 5 Tagen und einem Mindestbestand von 16 Flaschen!

Flaschen

Lernfeldbezogenes Rechnen

© Verlag Gehlen

365. Aufgabe

Die Lagerkarteikarte eines Hotels enthält folgende Angaben: Mindestbestand 20 Dosen – Höchstbestand 160 Dosen – Meldebestand 40 Dosen. Das Hotel hat einen durchschnittlichen Tagesverbrauch von 5 Dosen und eine Lieferzeit von 4 Tagen.

a) Wie viele Tage nach Erreichen des Höchstbestandes muss eine Neubestellung erfolgen, um den Mindestbestand nicht zu gefährden?

Tage

b) Geben Sie die maximal zu bestellende Menge an Dosen an, damit der Höchstbestand nicht überschritten wird!

Stück

9.2.3 Lagerverluste

366. Aufgabe

Ein Schinken wiegt vor dem Räuchern 12,000 kg, nach dem Räuchern 10,620 kg.

Berechnen Sie den Räucherverlust in %!

% Komma ↓

367. Aufgabe

Ein geräucherter Schinken wiegt 18,000 kg. Der Trocken- und Räucherverlust betrug 25 %.

Wie viel kg wog der Schinken vor dem Räuchern?

kg Komma ↓

368. Aufgabe

Ein Restaurant hat 5 1/2 Zentner Äpfel eingelagert. Davon konnten nur 242 kg verbraucht werden.

Wie viel % waren verdorben?

%

369. Aufgabe

Ein Rinderfilet wiegt bei der Lieferung 3,200 kg. Es wird zum Abhängen in den Kühlraum gehängt. Nach 2 Wochen wiegt das Fleisch nur noch 3,020 kg. Das ganze Filet kostet im Einkauf 42,00 EUR.

a) Berechnen Sie den Lagerverlust in kg und in %!

kg   % Komma ↓

b) Wie viel Euro kostet ein Kilo des abgehangenen Filets?

EUR ↓ Komma Ct.

Arbeiten im Magazin

10 Technologie

370. Aufgabe

Welche Vorgänge finden beim Reifen des Fleisches statt?

1. Die Muskeln bekommen keinen Sauerstoff mehr und die Rückstände können nicht abtransportiert werden, daher zersetzt sich das Fleisch fermentativ
2. Da keine Verbrennung der Nährstoffe mehr stattfindet, verändert sich das Fleisch nicht
3. Durch eiweißspaltende Fermente bildet sich Fleischmilchsäure und das Zell- und Bindegewebe wird dadurch locker
4. Fäulnisbakterien zersetzen das Fleisch. Im Zwischenstadium ist es zart und mürb
5. Das im Fleisch verbliebene Blut zersetzt sich und das Fleisch erfährt eine Farbveränderung von Rot zu Rosa

371. Aufgabe

Wodurch ist der Reifezustand des Fleisches zu erkennen?

1. Durch die Geruchprobe
2. Durch die Fingerdruckprobe
3. Durch die Schnittprobe
4. Beim Klopfen des Fleisches
5. Beim Braten des Fleisches

372. Aufgabe

Ein Gast verlangt ein „à la minute-Gericht" blau (bleu, blue) zubereitet. Wie ist das Fleisch gebraten?

1. Das Fleisch ist beiderseitig nur ganz kurz angebraten, der Kern ist noch ganz roh
2. Das Fleisch ist halb durchgebraten, innen aber noch ganz roh
3. Das Fleisch ist innen noch rosa, aber nicht mehr ganz roh
4. Beim Anstechen des Fleisches tritt kein roter Fleischsaft mehr aus
5. Der Fleischsaft ist vollkommen vom Eiweiß gebunden

373. Aufgabe

Von welchem Schlachttier stammt das Brieschen (Milcher, Schweser)?

1. Kalb
2. Schwein
3. Schaf
4. Rind
5. Wild

374. Aufgabe

Welche Wirkung hat das Plattieren des Fleisches?

1. Dicke Fleischstücke werden dadurch flacher gehalten
2. Man klopft, um es größer erscheinen zu lassen
3. Die Fleischzellen werden zerstört, dadurch bekommt das Fleischgericht einen besseren Geschmack
4. Durch das Klopfen lockert sich das Fett, kann beim Braten leichter austreten und das Fleisch wird dadurch nicht zäh
5. Durch das Klopfen zerreißen die Bindegewebsfäden, das Fleisch kann sich beim Braten nicht zusammenziehen und bleibt dadurch mürb

© Verlag Gehlen

375. Aufgabe

Beim Anschneiden eines Bratens läuft Ihnen der Saft aus. Was haben Sie falsch gemacht?

1. Der Braten ist in zu kaltem Fett angebraten worden
2. Er ist in zu heißem Fett angebraten worden
3. Es ist zu viel Flüssigkeit aufgefüllt worden
4. Der Braten ist in zu geringer Hitze gegart
5. Der Braten ist nach dem Garen sofort angeschnitten worden, er konnte sich nicht entspannen

376. Aufgabe

Welches Teilstück vom Kalb findet gekocht Verwendung?

1. Der Rücken
2. Das Filet
3. Das Fricandeau
4. Die Haxe
5. Der Kopf

377. Aufgabe

Aus welchem Fleischstück vom Schwein werden „Schmetterlingsschnitzel" geschnitten?

1. Aus dem Kotelettstück
2. Aus dem Kammstück
3. Aus der Keule
4. Aus dem Filetstück
5. Aus dem Bauchstück

378. Aufgabe

Ordnen Sie zu, indem Sie die Kennziffern von 3 der insgesamt 6 Verwendungen von Rindfleisch in die Kästchen bei den geeigneten Fleischstücken eintragen!

Verwendung von Rindfleisch

1. Gulasch
2. Rouladen
3. Rumpsteak
4. Schmorbraten
5. Roastbeef
6. Châteaubriand

Geeignete Fleischstücke

Schwanzstück	4
Zwischenrippe	5
Filet	6

379. Aufgabe

Welches Rindfleisch weist starke Fettadern auf?

1. Von Bullen
2. Von Jungbullen
3. Von Mastochsen
4. Von Färsen (Starken)
5. Von der Fleischkuh

380. Aufgabe

Woran erkennt man den Garungspunkt einer Rinderzunge?

1. An der weichen Zungenspitze
2. Am klaren, auslaufenden Saft beim Anstechen
3. Wenn sich die Haut löst
4. Wenn sie sich am dicken Teil leicht eindrücken lässt
5. Wenn sie im Kochsud oben schwimmt

...*e*

V... ...hsorten müssen für einen original Pichelsteiner Topf verwendet werden?

...mel-, Wildfleisch
... Geflügelfleisch
... ...inc- und Rindfleisch
4 ...d-, Kalb-, Schwein- und Hammelfleisch
5. ...ildfleisch, Wildgeflügel und Hammelfleisch

---

382. Aufgabe

Welches Steak wird in der internationalen Küche nicht aus dem Rinderrücken geschnitten?

1. Entrecôte
2. T-bone-Steak
3. Filetsteak
4. Rostbraten
5. Porterhouse-Steak

---

383. Aufgabe

Welches Fleischstück kann im Salzmantel gebacken/gegart werden?

1. Ganzer Truthahn
2. Lammschulter
3. Roastbeef
4. Spanferkelkeule
5. Hirschrücken

---

384. Aufgabe

Welches von den aufgeführten Gerichten (Fleischstücken) ist ein Entrecôte double?

1. Doppeltes Filetstück
2. Doppeltes Tournedo
3. Doppeltes Zwischenrippenstück
4. Doppeltes Ochsenkotelettstück
5. Eine doppelte Schnitte vom Roastbeef einschließlich Filet und Knochen

---

385. Aufgabe

Aus welchem Fleischteil schneiden Sie ein Entrecôte?

1. Aus dem Rindsfilet
2. Aus dem Kalbsfilet
3. Aus der Rindskeule
4. Aus dem Kalbssattel
5. Aus dem Roastbeef

---

386. Aufgabe

Sie bereiten eine Schnitte vom Roastbeef einschließlich des nicht ausgelösten Filets für 2 Personen. Worum handelt es sich hierbei?

1. Ochsenrippenstück
2. Ochsenkotelett
3. Zwischenrippenstück
4. Porterhouse Steak
5. Châteaubriand

---

387. Aufgabe

Sie braten ein Rumpsteak. Es wölbt sich in der Pfanne. Welchen Fehler haben Sie gemacht?

1. Das Fleisch war zu frisch (nicht genügend abgehangen)
2. Es wurde nicht geklopft
3. Der Fettrand war nicht eingeschnitten
4. Das Bratfett war nicht heiß genug
5. Es wurde zu lange gebraten

388. Aufgabe

Was ist ein Kasseler Rippenspeer?

1. Das gekochte Schweinsrippchen
2. Das gebratene Schweinsrippchen
3. Das gepökelte Schweinsrippchen
4. Das geräucherte Schweinsrippchen
5. Das kurz gepökelte und leicht geräucherte Schweinsrippchen

389. Aufgabe

Ordnen Sie zu, indem Sie die Kennziffern von 3 der insgesamt 6 Verwendungen von Kalbfleisch in die Kästchen bei den geeigneten Fleischstücken eintragen!

Gerichte

1. Grenadin
2. Schnitzel
3. Medaillon
4. Tendrons
5. Osso-buco
6. T-bone-Steak

Fleischteile

Fricandeau	1
Oberschale	2
Haxe	5

390. Aufgabe

Welches Fleischteil vom Kalb wird gewöhnlich zu Frikassee verarbeitet?

1. Die Haxe
2. Der Rücken
3. Die Schulter
4. Die Keule
5. Die Dünnung

391. Aufgabe

Welches Fleischstück vom Kalb wird als Sattelstück bezeichnet?

1. Halsstück
2. Das Nierenstück
3. Das Rippenstück
4. Das Kammstück
5. Das Schulterstück

392. Aufgabe

Welche der genannten Speisen muss aus der Kalbsoberschale geschnitten werden?

1. Piccata
2. Tendrons
3. Frikassee
4. Wiener Schnitzel
5. Grenadins

393. Aufgabe

Ordnen Sie zu, indem Sie die Kennziffern von 3 der insgesamt 5 Fleischteile in die Kästchen bei den dazugehörenden Pfannengerichten eintragen!

Fleischteile

1. Rinderhüfte
2. Hammelrücken
3. Rinderfilet
4. Rinderrücken
5. Kalbsfricandeau

Pfannengerichte

Grenadin

Tournedo

Mutton chop(s)

394. Aufgabe

Was bezeichnet man als Jungfernbraten?

1. Gespicktes Schweinefilet in Sauerrahm gedünstet
2. Gespickte, geschmorte Kalbsbrust
3. Mit Kräutern gewürztes, gebratenes Lammkarree
4. Junges Huhn in Weißweinsauce
5. Gespicktes Kalbsfilet in einer Morchelrahmsauce

395. Aufgabe

Worum handelt es sich bei einer dünnen Tranche vom Roastbeef einschließlich des nicht ausgelösten Filets?

1. Um ein Ochsenkotelett
2. Um ein doppeltes Zwischenrippenstück
3. Um ein Porterhouse-Steak
4. Um ein T-Bone-Steak
5. Um ein Châteaubriand

396. Aufgabe

Aus welchem Fleischstück schneidet man einen Rostbraten?

1. Rinderfilet, Roastbeef
2. Bug, Hüfte
3. Rinderkeule, Nacken
4. Hochrippe, Roastbeef
5. Falsche Lende, Oberschale

397. Aufgabe

Aus welchen 4 Teilstücken besteht die Schweinekeule (Schinken)?

1. Oberschale – Unterschale – Nuss – Haxe
2. Oberschale – Blatt – Nuss – Hüfte
3. Unterschale – Oberschale – Nuss – Hüfte
4. Falsches Filet – Unterschale – Haxe – Hüfte
5. Hüfte – Nuss – Oberschale – Eisbein

398. Aufgabe

Welche Schinkensorte wird nicht aus der Schweinekeule hergestellt?

1. Prager Schinken
2. Beinschinken
3. Nussschinken
4. Lachsschinken
5. Katenschinken

399. Aufgabe

Welches Stempelzeichen für Schlachtfleisch gilt für den gesamten EG-Bereich?

1.

2.

3.

4.

5.

---

400. Aufgabe

Was ist am besten geeignet zum Bestreichen für Spanferkel am Spieß während des Röstvorganges?

1. Öl
2. Wasser
3. Wein
4. Bier
5. Butter

---

401. Aufgabe

Welche Zubereitung empfiehlt sich für ein ganzes Fricandeau vom Jungschwein?

1. Schmoren
2. Dämpfen
3. Kochen
4. Garziehen
5. Braten

---

402. Aufgabe

Welche der aufgeführten Innereien muss vor der Weiterverarbeitung unbedingt gewässert werden?

1. Bries
2. Lunge
3. Leber
4. Hirn
5. Milz

---

403. Aufgabe

Woran erkennt man frisch getötete Fische?

1. Frisch getötete Fische schwimmen im Wasser oben
2. Sie haben geschlossene Augen
3. Die Schuppen lassen sich leicht lösen
4. Die Kiemen sind noch rot
5. Das Fleisch ist weiß

404. Aufgabe

Für ein Menü der feinen Küche sollen Sie für die Hauptplatte Fisch zubereiten. Welchen Fisch würden Sie wählen?

1. Scholle
2. Schellfisch
3. Seezunge
4. Rotzunge
5. Goldbutt

405. Aufgabe

Welcher Flussfisch passt für ein bürgerliches Menü?

1. Lachs
2. Karpfen
3. Forelle
4. Aal
5. Lachsforelle

406. Aufgabe

Welchen Fisch für die Hauptplatte eines so genannten bürgerlichen Menüs würden Sie nlcht wählen?

1. Rotzunge
2. Kabeljau
3. Scholle
4. Glattbutt
5. Steinbutt

407. Aufgabe

Welche Garnitur passt für ein Fischgericht?

1. Bäckerin-Art
2. Feinschmecker-Art
3. Kardinals-Art
4. Mailänder-Art
5. Nach Chipolata

408. Aufgabe

Wie lautet die Grundregel beim Zubereiten von Fisch?

1. Töten, salzen, säuern
2. Ausnehmen, säuern, würzen
3. Säubern, säuern, salzen
4. Marinieren, salzen, pochieren
5. Wässern, salzen, säuern

409. Aufgabe

Welcher Fisch kann „blau" zubereitet werden?

1. Seezunge
2. Heilbutt
3. Steinbutt
4. Seelachs
5. Aal

410. Aufgabe

Wie wirkt Zitronensaft auf Fischfleisch?

1. Zitronensaft gibt dem Fisch erst den charakteristischen Geschmack
2. Zitronensaft festigt das Fischeiweiß
3. Zitronensaft lockert das Fischeiweiß
4. Zitronensaft bindet den Fischgeruch
5. Zitronensaft färbt den Fisch blau

411. Aufgabe

Welche Garnitur eignet sich für Fischgerichte?

1. Auf Bäckerinart
2. Auf Hausfrauenart
3. Auf Berliner Art
4. Rossini
5. Stroganow

412. Aufgabe

Nach folgender Beschreibung bereiten Sie ein Gericht:

„Einer Seezunge wird, bevor sie eingebröselt wird, von einer Seite das Grätengerüst freigelegt und vor Kopf und Schwanz das Rückgrad durchgestochen. Nach dem Backen lässt sich die Gräte dann leicht entfernen und der entstandene Hohlraum wird mit Kräuterbutter gefüllt."

Wie nennt man diese Art der Zubereitung?

1. Seezunge Orly
2. Seezunge Doria
3. Seezunge Colbert
4. Seezunge bordelaise
5. Seezunge dugléré

413. Aufgabe

Welcher Fisch zählt zu den Schleimfischen?

1. Hausen
2. Stör
3. Hering
4. Flunder
5. Forelle

414. Aufgabe

Wanderfische wechseln zum Laichen in andere Gewässer, d.h. sie leben z.B. in Salzwasser und wechseln zum Laichen in Süßwasser. Welcher Fisch lebt im Süßwasser und wechselt zum Laichen in Salzwasser?

1. Stör
2. Störlett
3. Hausen
4. Lachs
5. Aal

415. Aufgabe

Wie heißt ein junger, kleinwüchsiger Kabeljau aus der Ostsee?

1. Schellfisch
2. Makrele
3. Dorsch
4. Blauleng
5. Rotbarsch

416. Aufgabe

Welche Gruppe enthält nur „Heringsartige Fische"?

1. Vollheringe, Ihlen, Sardellen
2. Sardinen, Matjeshering, Wolfsbarsch
3. Hering, Anchovis, Petersfisch
4. Sardinen, Sprotten, Anchovis
5. Anchovis, Matjeshering, Ihlen

417. Aufgabe

Ordnen Sie zu, indem Sie die Kennziffern von 3 der insgesamt 5 Einteilungen in die Kästchen bei den Gruppen von Fischbezeichnungen eintragen!

Einteilungen

1. Süßwasserfische
2. Wanderfische
3. Seefische
4. Plattfische
5. Zuchtfische

Fische

Fische	
Lachs, Hausen, Aal	2
Steinbutt, Schellfisch, Dorsch	3
Scholle, Heilbutt, Flunder	4

418. Aufgabe

Welche Heringe werden als Ihlen bezeichnet?

1. Weibliche Vollheringe mit Rogen
2. Grüne Heringe der Ostsee
3. Abgelaichte Heringe
4. Geräucherte Heringe
5. Magerheringe in Marinade

419. Aufgabe

Ordnen Sie zu, indem Sie die Kennziffern von 4 der insgesamt 7 Kaviararten in die Kästchen bei den Erklärungen eintragen!

Kaviarart

1. Malossol
2. Beluga
3. Osietra
4. Sevruga
5. Presskaviar
6. Lachskaviar
7. Deutscher Kaviar

Erklärungen

Erklärungen	
aus Rogen von Seehase und Dorsch, schwarz	7
Salzgehalt weniger als 6 %	1
Korngröße unter 1 mm	4
Korngröße 1–2 mm, grau	2

420. Aufgabe

Für welche Garungsart darf die Schleimhaut bei Süßwasserfischen nicht verletzt werden?

1. Dünsten
2. Braten
3. Kochen
4. Blausieden
5. Pochieren

421. Aufgabe

Ein Weichtier hat eine Länge bis zu 50 cm, einen violetten, zylindrisch gestreckten Körper, dreieckige Flossen am Hinterende und zehn Arme. Wie heißt dieses Weichtier?

1. Tintenfisch
2. Krake
3. Kalmar
4. Schnecke
5. Scampi

422. Aufgabe

In welchen Monaten sind Krustentiere am schmackhaftesten (Hauptsaison)?

1. In den Monaten mit R, von September bis April
2. Von Mai bis November
3. In den Monaten ohne R, von Mai bis August
4. Das ganze Jahr über
5. März, April, Mai, Juni

423. Aufgabe

Ordnen Sie dem jeweiligen Aufzuchtland die entsprechenden Austernarten zu, indem Sie die Kennziffern von 4 der insgesamt 7 Austernarten in die Kästchen bei den Aufzuchtländern eintragen.

Austernart

1. Belons, Marennes, Creuses
2. Withestables, Colchesters
3. Galway Bay Oysters
4. Imperiales
5. Ostendes
6. Limfjords
7. Blue Points

Aufzuchtland

Irland	3
Dänemark	6
Frankreich	1
Niederlande	4

424. Aufgabe

Auf welche Art kann Hummer zubereitet werden?

1. Florentiner Art
2. Colbert
3. Doria
4. Thermidor
5. Dubarry

425. Aufgabe

Welche Delikatesse muss beschwert, feucht und kühl aufbewahrt werden?

1. Frische Steinpilze
2. Blanchierter Hummer
3. Frischer Spargel
4. Rohe Austern
5. Pochierte Schnecken

426. Aufgabe

Was ist eine doppelte Kraftbrühe?

1. Eine Kraftbrühe mit doppelter Fleischeinlage
2. Eine Kraftbrühe mit doppelter Menge Fleisch geklärt
3. Eine Kraftbrühe mit doppelter Fettmenge
4. Eine Fleischbrühe, in die man als Einlage Fleisch und Gemüse gibt
5. Eine Kraftbrühe mit doppeltem Sättigungswert

427. Aufgabe

Einige Suppen haben nach ihren Einlagen internationale Bedeutung erhalten. Welche Einlage ist in der Consommé Celestine?

1. Reiseinlage
2. Streifchen von ungesüßtem Kräuterpfannkuchen
3. Pochiertem Ei
4. Ausgebohrtem Gemüse
5. Geflügelklößchen

428. Aufgabe

Welche Möglichkeiten sind Ihnen bekannt, eine Brühe zu klären?

1. Durch haschiertes mageres Rindfleisch und Eiweiß
2. Durch das Entfetten der Brühe
3. Mit kaltem Wasser während des Kochens abschrecken
4. Geflügelbrühe kann man auch mit Hühnereiweiß klären
5. Am sichersten klärt man Brühe durch ein Spitzsieb oder eine Etamine

429. Aufgabe

Warum wird zur Bereitung von Gemüsesuppen das Gemüse angeschwitzt?

1. Es muss vorher gegart werden
2. Gartenfrisches Gemüse würde sonst zerkochen
3. Durch das Schwitzen bekommt das Gemüse erst den Geschmack
4. Durch das Schwitzen bekommt das Gemüse die Bindung
5. Durch das Schwitzen bekommt das Gemüse den für die Suppe notwendigen Fettanteil

430. Aufgabe

Sie bereiten eine Suppeneinlage aus Brandmasse, die auf ein Blech dressiert und im Ofen gebacken wird. Worum handelt es sich hierbei?

1. Brandteigklößchen
2. Backerbsen
3. Profiteroles
4. Croûtons
5. Pommes soufflées

431. Aufgabe

Was ist eine Beef-Tea?

1. Ein aus Gemüsefond gezogener Extrakt
2. Ein aus schierem Rindfleisch gezogener Extrakt
3. Ein aus Fischabgängen gezogener Extrakt
4. Ein aus Geflügelfleisch gezogener Extrakt
5. Ein aus Markknochen gezogener Extrakt

432. Aufgabe

Welcher Art ist die Einlage bei einer Suppe Dubarry?

1. Reis
2. Erbsen
3. Spargel – Erbsen
4. Blumenkohl
5. Erbsen – Reis

433. Aufgabe

Was ist der klassische Unterschied zwischen einer Rahm- und einer Samtsuppe?

1. Rahmsuppen werden nur auf der Grundlage eines Gemüsefonds, Samtsuppen nur auf der Grundlage eines Wildfonds hergestellt
2. Rahmsuppen werden mit Sahne, Eigelb und Eiklar, Samtsuppen nur mit Eigelb und Eiklar gebunden
3. Rahmsuppen werden aus heller Mehlschwitze, Samtsuppen aus klarer Bechamel zubereitet
4. Rahmsuppen werden mit Sahne und Eigelb gebunden, Samtsuppen nur mit Sahne vervollständigt
5. Rahmsuppen werden mit Sahne vervollständigt, Samtsuppen werden mit Sahne und Eigelb gebunden

434. Aufgabe

Woraus besteht eine Rahmsuppe?

1. Aus heller Mehlschwitze, maßgeblichen Geschmackszutaten, hellem Fond, Sahne, Eigelb, Würze
2. Aus Geflügelvelouté, Geflügelfond, Eigelb, Sahne, Würze
3. Aus Kalbsvelouté, Gemüsepüree, hellem Fond, Sahne, Eigelb, Würze
4. Aus klarer Bechamel, maßgeblichen Geschmackszutaten, hellem Fond, Sahne
5. Aus heller Mehlschwitze, maßgeblichen Geschmackszutaten, hellem Fond, Sahne

435. Aufgabe

Einige Suppen haben nach ihren Einlagen internationale Bedeutung erhalten. Welche Einlage ist in der Consommé Colbert?

1. Reiseinlage
2. Streifchen von ungesüßtem Kräuterpfannkuchen
3. Pochiertes Ei
4. Ausgebohrtes Gemüse
5. Eierstich

436. Aufgabe

Welche Hülsenfrucht wird passiert zum Binden von Wildsuppen verwendet?

1. Lima Bohnen
2. Schälerbsen
3. Weiße Bohnenkerne
4. Dicke Bohnenkerne
5. Linsen

437. Aufgabe

Ordnen Sie die aufgeführten Küchenkräuter den nebenstehenden Speisen zu, für die sie typisch sind!

1. Beifuß
2. Thymian
3. Rosmarin
4. Minze
5. Salbei

Saltim bocca	5
Brathähnchen	3
Gänsebraten	1
Ochsenschwanzragout	2
Lammspieß	4

438. Aufgabe

Welche Gruppe von Bindemitteln wird für Kaltschalen verwendet?

1. Grieß, Sago, Weizenmehl
2. Sago, Tapiokamehl, Stärkemehl
3. Vollkornmehl, Tapiokamehl, Grieß
4. Maismehl, Haferflocken, Sago
5. Reismehl, Grieß, Tapiokamehl

▶ 2

439. Aufgabe

Sie sollen eine Zwiebel spicken. Welche Gewürze nehmen Sie dazu?

1. Pfefferkörner/Lorbeerblatt
2. Lorbeerblatt/Nelken
3. Thymian/Nelken
4. Kümmel/Lorbeerblatt
5. Nelken/Majoran

▶ 2

440. Aufgabe

Wonach erhält die fertig gestellte Sauce ihren Namen?

1. Nach der Bindung
2. Nach der Garnitur
3. Nach der Montur
4. Nach dem Degustieren
5. Nach dem Degraissieren

▶ 2

441. Aufgabe

Man verlangt von Ihnen die Herstellung einer Sauce allemande. Wie fertigen Sie diese Sauce an?

1. Von der Kalbsvelouté durch Legieren mit Eigelb
2. Von der Kalbsvelouté fertig gestellt mit Milch
3. Von der Geflügelvelouté mit Rahm aufgefüllt
4. Von der Fischvelouté mit Weißwein gefertigt
5. Als Abteilung der Sauce espagnole

▶ 1

Technologie

442. Aufgabe

Man verlangt von Ihnen die Herstellung einer Sauce suprême. Wie fertigen Sie diese Sauce an?

1. Von der Kalbsvelouté durch Legieren mit Eigelb
2. Von der Kalbsvelouté fertig gestellt mit Milch
3. Von der Geflügelvelouté mit Rahm aufgefüllt
4. Von der Fischvelouté mit Weißwein gefertigt
5. Als Ableitung einer Sauce demi glace

▶ 3

443. Aufgabe

Welche der nachfolgenden von der Sauce béchamel abgeleitete Soße wird mit Käse vollendet?

1. Sauce mornay
2. Sauce capres
3. Sauce fines herbes
4. Sauce raifort
5. Sauce Walewska

▶ 1

444. Aufgabe

Welche der aufgeführten Saucen empfehlen Sie zu den nachstehenden kalten Gerichten?

1. Cocktailsauce
2. Remouladensauce
3. Pfefferminzsauce
4. Cumberlandsauce
5. Essig-Öl-Sauce mit Kräutern

Roastbeef, englisch	2
Hummer	1
Rehrücken	4

445. Aufgabe

Welche der nachstehenden Saucen wird der warmen Grundsauce zugeordnet?

1. Sauce vinaigrette
2. Sauce ravigotte
3. Cumberlandsauce
4. Holländische Sauce
5. Maltesersauce

▶ 4

446. Aufgabe

Bringen Sie die folgenden Arbeitsschritte zur Herstellung eines braunen Fonds in die richtige Reihenfolge, indem Sie die Ziffern 1 bis 5 in die Kästchen eintragen!

Kleingehackte Knochen mit Mirepoix in Fett anbräunen	1
Kräuterbündel hinzufügen	4
Fett abschöpfen und Produkt passieren	5
Mit einfacher Brühe (oder Wasser) auffüllen	3
Langsam auskochen lassen und ständig ausschäumen	2

447. Aufgabe

Was versteht man unter montieren von Saucen und Suppen?

1. Das Unterziehen einer Weinreduktion
2. Das Binden mit Stärke
3. Das Abbinden mit Eigelb
4. Das Verfeinern mit frischer Butter
5. Das Aufschlagen mit Sahne

 4

448. Aufgabe

Wodurch kann die Gerinnung einer Sauce mayonnaise während der Herstellung beseitigt werden?

1. Durch Unterziehen von einigen Tropfen heißen Wassers
2. Durch Unterziehen von einigen Spritzern Zitrone
3. Durch Unterziehen von einigen Teelöffeln Senf
4. Durch Unterziehen von Sahne
5. Durch Unterziehen von mehreren Eigelben

 1

449. Aufgabe

Welche weiße Sauce wird auf Milchbasis hergestellt?

1. Deutsche Sauce
2. Weißweinsauce
3. Geflügelsamtsauce
4. Béchamelsauce
5. Fricasseesauce

▶ 4

450. Aufgabe

Ordnen Sie zu, indem Sie die Kennziffern von 4 der insgesamt 6 Ländernamen in die Kästchen der dazugehörenden Saucenfleischgerichte eintragen!

Ländernamen

1. Schweiz
2. Ungarn
3. Frankreich
4. Russland
5. Indien
6. Deutschland

Saucenfleischgerichte

Pfefferpotthast	6
Geschnetzeltes Kalbfleisch	1
Pörkölt	2

451. Aufgabe

Ordnen Sie zu, indem Sie die Kennziffern von 5 der insgesamt 9 Saucenbezeichnungen in die Kästchen bei den Gerichten eintragen!

Saucenbezeichnungen

1. Sauce bordelaise
2. Sauce madère
3. Sauce vin blanc
4. Sauce suprème
5. Sauce Diane
6. Sauce minth
7. Sauce tomate
8. Sauce raifort
9. Sauce maltaise

Gerichte

Ochsenzunge	2
Rehrücken	5
Seezungenröllchen	3
Rumpsteak	1
Hühnerbrüstchen gedünstet	4

452. Aufgabe

Ordnen Sie zu, indem Sie die Kennziffern von 7 der insgesamt 10 Saucen in die Kästchen bei den typischen Zutaten eintragen!

Saucen

1. Sauce choron
2. Sauce tatare
3. Sauce ravigote
4. Sauce remoulade
5. Sauce mousseline
6. Sauce béarnaise
7. Sauce mornay
8. Sauce cumberland
9. Sauce béchamel
10. Sauce robert

typische Zutaten

Milch 9

Geschlagene Sahne 5

Orangenschale 8

Gehacktes Ei 2

Kapern, Sardellen 4

Käse 7

Tomatenmus 1

453. Aufgabe

Mit welcher Sauce wird Kalbsrücken Orlow überzogen?

1. Sauce crême
2. Sauce béchamel
3. Sauce velouté de veau
4. Sauce soubise
5. Sauce béarnaise

 4

454. Aufgabe

Wozu werden unter anderem Buttermischungen verwendet?

1. Als Bindemittel von warmen Saucen und Suppen
2. Als Bindemittel von Mayonnaise
3. Als Würzmittel von warmen Saucen und Suppen
4. Als Bindemittel von Farcen
5. Als Würzmittel von Mayonnaisen und Beizen

 3

455. Aufgabe

Welche Buttermischung enthält folgende geschmacksbestimmende Zutaten: „Gehackte Petersilie, Zitronensaft, Fleischextrakt, Pfeffer, Salz"?

1. Bercybutter
2. Kräuterbutter
3. Schneckenbutter
4. Colbertbutter
5. Krevettenbutter

 4

456. Aufgabe

Welche Gruppe von Buttermischungen wird ausschließlich heiß serviert?

1. Schalottenbutter, Müllerinbutter, Mandelbutter
2. Senfbutter, Rotweinbutter, Nussbutter
3. Colbertbutter, Zwiebelbutter, Schneckenbutter
4. Bercybutter, Colbertbutter, Krebsbutter
5. Trüffelbutter, Bröselbutter, Kräuterbutter

457. Aufgabe

Welche der folgenden Saucen ist eine montierte Buttersauce?

1. Sauce espagnole
2. Sauce velouté
3. Sauce béchamel
4. Sauce hollandaise
5. Sauce mayonnaise

458. Aufgabe

Welche der nachstehenden Saucen ist eine Spezialsauce?

1. Remoulade
2. Choron
3. Cumberland
4. Robert
5. Rahmsauce

459. Aufgabe

Welche Zutat gehört unbedingt zu einer Cocktailsauce?

1. Essig
2. Sahne
3. Kräuter
4. Tomatenketchup
5. Tomatenpüree

460. Aufgabe

Ordnen Sie zu, indem Sie die Kennziffern von 3 der insgesamt 5 Geflügelgarnituren in die Kästchen bei den Garniturbestandteilen eintragen!

Geflügelgarnituren

1. Chipolata
2. Bigarade
3. Pojarsky
4. Amerikanische Art
5. Portugiesische Art

Garniturenbestandteile

Tomaten, Duxelles, Schlosskartoffeln ⬜ 5

Jus mit Curacao, Orangensaft, Orangenjulienne, Orangenfilets ⬜ 2

Grilltomate, Magerspeck, Bohnen, gebackene Kartoffeln ⬜ 4

461. Aufgabe

Ordnen Sie zu, indem Sie die Kennziffern von 3 der insgesamt 5 Garniturbestandteile in die Kästchen bei den Garniturbenennungen eintragen!

Garniturbestandteile

1. Pochierte Äpfel mit Johannisbeergelee, Rahmsoße
2. Pochierte Birnen mit Johannisbeergelee, Rahmsoße
3. Geräucherte Pökelzunge, Linsenmus, Pfeffersoße
4. Trüffel und Eiweiß als Soßeneinlage, Kastanienmus
5. Pfefferrahmsoße, Pilze, hausgemachte Nudeln

Garniturbenennungen

Hubertus 5

Conti 3

Diana 4

462. Aufgabe

Ordnen Sie zu, indem Sie die Kennziffern von 3 der insgesamt 5 Garniturbestandteile in die Kästchen bei den Garniturbenennungen eintragen!

Garniturbestandteile

1. Braune Butter, Zitronenscheibe, Petersilie
2. Sauce Béchamel, Langustinos, Trüffel, Fleurons
3. Glacierte Gurkenkugeln, geschälte Zitronenscheibe
4. Artischockenböden, Champignons, Kartoffeln, Tomaten, braune Butter, Glace de viande, Petersilie
5. Weinweinsoße, Tomatenconcassée

Garniturbenennungen

Müllerinart 1

Dugléré 5

Doria 3

463. Aufgabe

Eine Füllmasse enthält gehackte Pilze, Tomaten, Schinken und Schalotten. Wie heißt diese Zubereitung?

1. Farce
2. Soubise
3. Mousse
4. Haschee
5. Duxelles

 5

464. Aufgabe

Welche Beilagengruppe eignet sich am besten für Federwild?

1. Wildrahmsauce, Brokkoli, Mandelbällchen
2. Wildgeflügeljus, Weinkraut, Rahmpüree
3. Burgundersauce, gebackene Blumenkohlröschen, grüne Nudeln
4. Pfefferrahmsauce, Rotkraut, Kartoffelklöße
5. Orangensauce (Sc.bigarade), glacierte Maronen, Kroketten

 2

465. Aufgabe

Welches Geflügel wird als Kapaun bezeichnet?

1. Junger Truthahn
2. Junge Bresse-Poularde
3. Männliches Suppenhuhn
4. Kastrierter junger Masthahn
5. Junger Erpel von Flugenten

 4

466. Aufgabe

Warum wird bei bestimmten Wildgeflügelarten der Balg abgezogen?

1. Man braucht aus der Haut keine Kiele zu entfernen
2. Weil die Haut zäh ist
3. Das Fleisch lässt sich besser beizen
4. Das Fett unter der Haut ist tranig und muss entfernt werden
5. Der Eigengeschmack wird dadurch erhöht

467. Aufgabe

Welches Tier gehört zur Gattung „Schlachtgeflügel, Hausgeflügel"?

1. Wildente
2. Perlhuhn
3. Fasan
4. Rebhuhn
5. Wachtel

468. Aufgabe

Bis zu welchem Alter dürfen Schafe als Lamm bezeichnet werden?

1. Bis zu 2 Jahren
2. Bis zu 12 Monaten
3. Bis zu 6 Monaten
4. Bis zu 15 Monaten
5. Bis zum Ende der Säugezeit

469. Aufgabe

Aus welchen Teilen besteht das Baronstück vom Hammel?

1. Aus beiden Keulen und dem Rücken
2. Aus Brust und Flanke
3. Aus Schulter und Brust
4. Aus Hals und Brust
5. Aus beiden Keulen und dem Rückenansatz

470. Aufgabe

Frank soll aus den Bestandteilen Hammelfleisch, Kartoffelscheiben, Zwiebeln und Gewürze ein Gericht zubereiten. Wie heißt dieses Gericht?

1. Gulasch
2. Irish Stew
3. Couscous
4. Navarin
5. Savarin

10.1 Fachausdrücke

471. Aufgabe

Was versteht man unter „Bardieren" beim Federwild?

1. Mit Spaghat/Schnur binden
2. Mit Speck spicken
3. Mit Speckscheiben die Brust umwickeln
4. Mit Wein und Kräutern marinieren
5. Mit langen Speckstreifen längs der Fasern durchziehen

Fachausdrücke

472. Aufgabe

Zucker ist hygroskopisch. Was heißt das?

1. Zucker zieht Luftfeuchtigkeit an
2. Zucker bleibt auch in feuchter Luft trocken
3. Zucker wirkt konservierend
4. Die Eigenschaft, sich in Wasser zu lösen
5. Streufähig zu bleiben

---

473. Aufgabe

Ordnen Sie zu, indem Sie die Kennziffern von 5 der insgesamt 8 deutschen Bezeichnungen in die Kästchen bei den französischen Begriffen eintragen!

Deutsche Bezeichnungen

1. Heilbutt
2. Rotzunge
3. Karpfen
4. Forelle
5. Aal
6. Seeaal
7. Schellfisch
8. Lachs

Französische Begriffe

Saumon `8`

Truite `4`

Limande `2`

Aigrefin `7`

Anguille `5`

---

474. Aufgabe

Ordnen Sie zu, indem Sie die Kennziffern von 4 der insgesamt 7 deutschen Bezeichnungen in die Kästchen bei den englischen Übersetzungen eintragen!

Deutsche Bezeichnungen

1. Hummer
2. Muschel
3. Auster
4. Schnecke
5. Krebs
6. Krabbe
7. Garnele

Englische Übersetzungen

Lobster `1`

Snail `4`

Shrimps `7`

Oyster `3`

---

475. Aufgabe

Ordnen Sie zu, indem Sie die Kennziffern von 5 der insgesamt 8 deutschen Bezeichnungen in die Kästchen bei den französischen Übersetzungen eintragen!

Deutsche Bezeichnungen

1. Krebse
2. Garnelen
3. Austern
4. Muscheln
5. Kaisergranat
6. Schnecken
7. Hummer
8. Krabben

Französische Übersetzungen

Crevettes	2
Ecrevisses	1
Moules	4
Hûitres	3
Escargots	6

476. Aufgabe

Ordnen Sie zu, indem Sie die Kennziffern von 4 der insgesamt 6 französischen Bezeichnungen in die Kästchen bei den Grundbrühen eintragen!

Französische Bezeichnungen

1. Fond de veau
2. Fond de gibier
3. Fond de volaille
4. Fumet de poisson
5. Fond de mouton
6. Fond de légume

Grundbrühen

Fischbrühe	4
Kalbsbrühe	1
Geflügelbrühe	3
Wildbrühe	2

477. Aufgabe

Ordnen Sie die französischen Bezeichnungen den deutschen Übersetzungen zu!

Französische Bezeichnungen

1. Selle de veau
2. Gigot de mouton
3. Rable de lièvre
4. Carrée de porc
5. Poitrine de boeuf
6. Cuissot de cerf

Deutsche Übersetzungen

Rinderbrust	5
Hasenrücken	3
Schweinerücken	4
Hammelkeule	2
Kalbsrücken	1
Hirschkeule	6

478. Aufgabe

Ordnen Sie zu, indem Sie die Kennziffern von 6 der insgesamt 9 französischen Fachausdrücke in die Kästchen bei den deutschen Bezeichnungen eintragen!

Fachausdrücke

1. baron
2. fricandeau
3. médaillon
4. soubise
5. consommé
6. carcasse
7. potage
8. timbale
9. brochette

Deutsche Bezeichnungen

Keulenstück	2
Zwiebelsauce	4
Knochengerüst	6
Suppe	7
Hammelkeulen und Rücken	1
Becherpastete	8

479. Aufgabe

Auf einer Menükarte lesen Sie: „la baron d'agneau". Was ist das?

1. Das Rückenstück vom Rind
2. Das Rückenstück mit der Lende
3. Rücken und Keulen in einem Stück vom Lamm
4. Eine Ochsenlende
5. Ein halber Rinderrücken

► 3

10.2 Lernfeldbezogenes Rechnen

10.2.1 Mengen- und Materialpreis

480. Aufgabe

Blumenkohl mit einem Gesamtgewicht von 2,560 kg wird geputzt. Es entsteht ein Putzverlust von 18 % sowie ein Garverlust von 15 %.

a) Wie viel wiegt der geputzte Blumenkohl?

Komma kg ↓

b) Wie schwer ist der gegarte Blumenkohl?

Komma kg ↓

c) Wie viele Portionen zu je 130 g können als Beilage gereicht werden?

Portionen

481. Aufgabe

Für 95 Portionen Pommes frites werden pro Portion 140 g ungegarte Kartoffelstäbe benötigt.

Wie viel kg Kartoffeln sind bei einem Schälverlust von 24 % und einem Schneideverlust von 20 % einzukaufen?

Komma kg ↓

482. Aufgabe

Ein Sack Kartoffeln enthält 15,000 kg. Wie viele Portionen Pommes frites zu je 120 g können frittiert werden, wenn ein Schälverlust von 22 % und ein Schneideverlust von 20 % entsteht?

Portionen

483. Aufgabe

Es sollen 16 Portionen zu je 180 g Tafelspitz mit Meerrettichsoße gereicht werden. Wie viel kg Rindfleisch sind einzukaufen, wenn mit einem Garverlust von 28 % und mit 20 % Parüren gerechnet wird?

Komma
kg ↓

484. Aufgabe

Eine Hirschkeule wiegt 10,200 kg. Auf den Knochen entfallen 2,244 kg.
Die Parüren wiegen 0,636 kg.

%

Wie viel % Knochen und wie viel % Parüren sind angefallen?

Komma
% ↓

Lernfeldbezogenes Rechnen

11 Speisen aus pflanzlichen Rohstoffen

485. Aufgabe

Welches Vitamin ist in der Kartoffel reichlich enthalten?

1. Vitamin A
2. Vitamin B1
3. Vitamin B2
4. Vitamin C
5. Vitamin D

486. Aufgabe

Was besagt bei Speisekartoffeln die Handelsklasse „Drillinge"?

1. Runde bis ovale Sorten
2. Vorwiegend festkochende Kartoffeln
3. Ganz kleine Kartoffeln
4. Festkochende Sorten
5. Mehligfestkochende Sorten

487. Aufgabe

Welche Kartoffelbeilage ist in der Friteuse in einem Arbeitsgang zubereitet worden?

1. Pommes sautées
2. Pommes pailles
3. Pommes frites
4. Pommes noisettes
5. Pommes pont neuf

488. Aufgabe

Sie bereiten eine Kartoffelmasse. Da Sie zwischendurch andere Arbeiten zu erledigen haben, wird die Masse braun. Wodurch können Sie sie wieder aufhellen?

1. Doppelte Masse machen
2. Velouté zugeben
3. Salz zugeben
4. Zitronensaft zugeben
5. Durch das Zubereiten wird sie selbst hell

489. Aufgabe

Sie schichten rohe Kartoffelscheiben in eine ausgefettete feuerfeste Form in mehrere Schichten, indem Sie jede Schicht mit Butter bestreichen, anschließend im Ofen backen. Wie nennt man diese Kartoffelbeilage?

1. Bäckerinkartoffeln
2. Annakartoffeln
3. Herzoginkartoffeln
4. Florenser Kartoffeln
5. Geröstete Kartoffeln

490. Aufgabe

Welche Kartoffelzubereitungsart enthält Brandteig?

1. Kartoffelkroketten
2. Kronprinzessin-Kartoffeln
3. Bernykartoffeln
4. Macairekartoffeln
5. Herzoginkartoffeln

491. Aufgabe

Welche Kartoffelbeilage wird aus gekochten Kartoffeln hergestellt?

1. Annakartoffeln
2. Herzoginkartoffeln
3. Schlosskartoffeln
4. Kartoffelreibekuchen
5. Streichholzkartoffeln

---

492. Aufgabe

Ordnen Sie den Kartoffelprodukten die entsprechende Fachbezeichnung zu!

1. Krokette
2. Birnenkartoffel
3. Herzoginkartoffel
4. Lorettekartoffel
5. Bernykartoffel

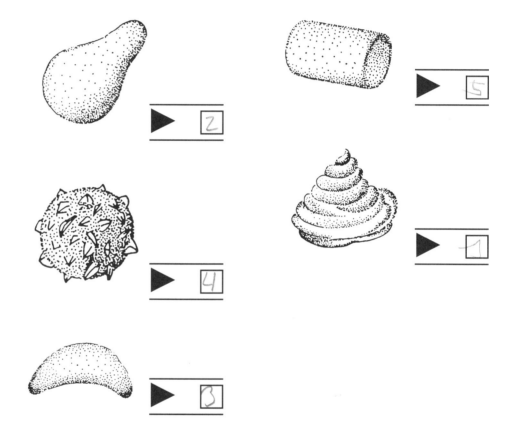

---

493. Aufgabe

Welche Gruppe gibt die drei Kochtypen von Kartoffeln an?

1. Festkochend, vorwiegend festkochend, breiigkochend
2. Festkochend, vorwiegend festkochend, mehligkochend
3. Festkochend, mehligkochend, wässrigkochend
4. Weichkochend, mehligkochend, vorwiegend mehligkochend
5. Festkochend, halbfestkochend, mehligkochend

Speisen aus pflanzlichen Rohstoffen

© Verlag Gehlen

494. Aufgabe

Ordnen Sie zu, indem Sie die Kennziffern der Kartoffelbeilagen in die Kästchen bei den Gerichten eintragen!

Kartoffelbeilagen	Gerichte

1. Bouillonkartoffeln
2. Kartoffelklöße
3. Kartoffelpüree
4. Schlosskartoffeln
5. Kartoffelstäbchen

Gänsebraten ☐

Gerichte von Innereien ☐

gekochte Rinderbrust ☐

Steak vom Rind ☐

Kalbsrollbraten ☐

495. Aufgabe

Welche Gemüsegruppe ist typisch für die Wintersaison?

1. Rettich, Rotkohl
2. Erbsen, Wirsing
3. Wirsing, Rosenkohl
4. Radieschen, Kopfsalat
5. Weißkohl, grüne Bohnen

► ☐

496. Aufgabe

Welche Aufzählung von pflanzlichen Rohstoffen hat eine blähende Wirkung?

1. Spargel, Gurken
2. Erbsen, Rotkraut
3. Karotten. Tomaten
4. Blumenkohl, Sauerkraut
5. Fenchel, Spinat

► ☐

497. Aufgabe

Warum werden Blattsalate in einer Salatschleuder getrocknet, bevor sie mit einer Salatsauce angerichtet werden?

1. Weil die anhaftende Flüssigkeit die Salatsauce verdünnt
2. Weil die anhaftende Flüssigkeit den Nährstoffgehalt herabsetzt
3. Weil die anhaftende Flüssigkeit den Salat verdirbt
4. Weil die anhaftende Flüssigkeit verdauungsschädlich ist
5. Weil die anhaftende Flüssigkeit den Geschmack beeinträchtigt

► ☐

498. Aufgabe

Welche Zutaten benötigen Sie zur Herstellung eines French Dressing?

1. Essig, Öl, Salz, Pfeffer, Schnittlauch
2. Essig, Öl, Salz, Pfeffer, Petersilie, Schnittlauch
3. Essig, Öl, Salz, Pfeffer, Senf, Knoblauch
4. Essig, Öl, Salz, Zucker, Zwiebeln, Kerbel
5. Essig, Öl, Salz, Pfeffer, Zitronensaft, Petersilie

► ☐

Speisen

499. Aufgabe

In Scheiben geschnittene Karotten werden in Mineralwasser zubereitet, im Ofen leicht gratiniert und mit Petersilie bestreut. Wie nennt man diese Gemüsebeilage?

1. Karotten polnisch
2. Karotten holländisch
3. Karotten gebacken
4. Karotten überbacken
5. Vichy-Karotten

500. Aufgabe

Was gehört zur Garnitur „Blumenkohl auf polnische Art"?

1. Sauce hollandaise
2. Sauce mornay
3. Gehackte Kräuter, zerlassene Butter
4. Gehacktes gekochtes Ei, Petersilie, Semmelbrösel, braune Butter
5. Mit Käse überbacken

501. Aufgabe

Mit welcher kalten Füllung werden Tomaten Doria hergestellt?

1. Mit Fleischsalat
2. Mit Heringsfleisch
3. Mit Eiersalat
4. Mit Geflügelsalat
5. Mit Garnelensalat

502. Aufgabe

Aus welcher Sorte werden Gurken nach dänischer Art hergestellt?

1. Gewürzgurken
2. Salatgurken
3. Salzgurken
4. Senfgurken
5. Pfeffergurken

503. Aufgabe

Welche Garnitur ist Florentiner Art?

1. Hummerschwanz-, Trüffel- und Champignonscheiben
2. Mit Trüffeln und Räucherzunge gespickt
3. Blätterteigtörtchen, gefüllt mit Erbsen
4. Auf Blattspinat mit Mornay-Sauce überbacken
5. Gebratene Perlwürstchen

504. Aufgabe

Milchsäure macht Sauerkraut haltbar. Welche Beigabe zum frischen Kraut ist dafür erforderlich?

1. Salz
2. Zucker
3. Essig
4. Wein
5. Zitronensaft

Speisen aus pflanzlichen Rohstoffen

© Verlag Gehlen

505. Aufgabe

Warum werden Hülsenfrüchte vor dem Kochen eingeweicht?

1. Um die Farbe zu erhalten
2. Um eine abführende Wirkung zu erzielen
3. Um die Kochzeiten zu verkürzen
4. Um den Geschmack zu fördern
5. Um die Flüssigkeit zu reduzieren

 3

506. Aufgabe

Ordnen Sie die nachstehenden Abbildungen den Namen der Getreidearten zu!

Reis	5
Roggen	2
Gerste	3
Hafer	4
Weizen	1

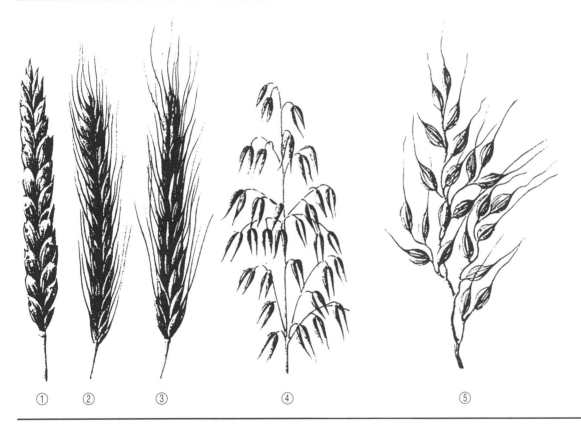

①   ②   ③   ④   ⑤

507. Aufgabe

Eine bestimmte Brotart wird bis zu 24 Stunden bei niedrigen Temperaturen in Dampfkammern gebacken. Das Brot hat einen hohen Dextringehalt, einen süßlichen Geschmack und besteht zu 90 % aus Roggen. Wie heißt diese Brotart?

1. Knäckebrot
2. Steinmetzbrol
3. Weizenschrotbrot
4. Pumpernickel
5. Toastbrot

 4

Speisen

508. Aufgabe

Wie viele Eier müssen Eierteigwaren je Kilogramm Weizengrieß mindestens enthalten, damit sie der Gütebezeichnung „Hausgemachte Ware" entsprechen?

1. 2 Eier
2. 2 1/4 Eier
3. 3 Eier
4. 4 Eier
5. 6 Eier

---

509. Aufgabe

Wozu werden Formenwaren aus Teigwaren hauptsächlich verwendet?

1. Als Suppeneinlage
2. Als Beilage zu Fleischgerichten
3. Als Beilage zu Fischgerichten
4. Als selbstständige Gerichte
5. Als Beilage zu Pilzgerichten

---

510. Aufgabe

Eine italienische Teigware wird wie folgt beschrieben:
„Mit Fleisch gefüllte Teigringe, die häufig in Brühe serviert werden, schmecken aber auch in einer Fleisch- oder Tomatensauce". Tragen Sie die entsprechende Teigware ein!

1. Cannelloni
2. Ravioli
3. Tortellini
4. Tagliatelle
5. Vermicelli

---

511. Aufgabe

Ordnen Sie zu, indem Sie die Kennziffern von 3 der insgesamt 6 Reissorten in die Kästchen bei den Bearbeitungsmethoden eintragen!

Reissorten

1. Naturreis
2. Paddyreis
3. Reisflocken
4. Weißreis
5. Parboiledreis
6. Bruchreis

Bearbeitungsmethoden	
Verlesener Rohreis	1
Von Samenschale befreit, anschließend mit Talkum und Stärkesirup behandelt	4
Mit Dampf und Druck behandelt und anschließend von der Samenschale befreit	5

Speisen aus pflanzlichen Rohstoffen

Speisen

512. Aufgabe

Gedünsteter Reis wird mit Erbsen ergänzt. Wie heißt dieses Gericht?

1. Risotto
9. Reistopf
3. Erbsenreis
4. Risipisi
5. Gemüsereis

11.1 Fachausdrücke

513. Aufgabe

Wie heißt die französische Bezeichnung für eine Kraftbrühe mit Gemüsestreifen?

1. Consommé brunoise
2. Consommé julienne
3. Consommé aux profiteroles
4. Consommé célestine
5. Consommé paysanne

514. Aufgabe

Welches von den aufgeführten geschnittenen Gemüsen ist Röstgemüse?

1. Mirepoix
2. Brunoise
3. Julienne
4. Paysanne
5. Chiffonade

515. Aufgabe

Gemüse soll „al dente" zubereitet werden. Was verstehen Sie darunter?

1. Das Gemüse soll bissfest sein
2. Das Gemüse soll weich sein
3. Das Gemüse soll gekocht sein
4. Das Gemüse soll im Dampf gegart sein
5. Das Gemüse muss mindestens 10 Minuten gekocht sein

516. Aufgabe

Welche der aufgeführten Beschreibungen erklärt den Begriff „tomates concassées"?

1. Gekochte, enthäutete, gehackte Tomaten
2. Grobgehackte und gewürfelte Tomaten
3. Enthäutete, entkernte, in Würfel geschnittene Tomaten
4. Enthäutete, entkernte, in Scheiben geschnittene Tomaten
5. Enthäutete, entkernte, in Streifen geschnittene Tomaten

11.2.1 Berechnungen von Rezepturen, Mengen, Kosten und Erträgen

517. Aufgabe

Beim Schälen von 32,000 kg Kartoffeln wird mit einem Verlust von 28 % gerechnet.

Wie viel kg geschälte Kartoffeln sind zu erwarten?

Komma
kg ↓

518. Aufgabe

Es werden 4 Steigen Weintrauben eingekauft. 1 Steige wiegt 13,500 kg brutto, die leere Steige wiegt 1,300 kg. 1,000 kg Trauben kostet brutto für netto 2,80 EUR.

Wie viel Euro kosten 1,000 kg Trauben?

Komma	
EUR↓	Ct.

519. Aufgabe

Für Stangenspargel mit Schinken benötigt man 300 g geschalten Spargel pro Portion. Man rechnet mit einem Schälverlust von 35%.

a) Wie viel kg Spargel sind für 45 Portionen einzukaufen?

Komma	
kg ↓	

b) Wie viel Euro Materialkosten sind für eine Portion zu berechnen, wenn 1,000 kg mit 7,50 EUR eingekauft wurde?

Komma	
EUR↓	Ct.

520. Aufgabe

Es werden 12 kg frische Pilze eingekauft. Beim Dünsten wird mit einem Gewichtsverlust von 39% gerechnet.

Wie viel kg stehen nach dem Dünsten zur Verfügung?

Komma	
kg ↓	

521. Aufgabe

Grüne Bohnen werden für einen Salat vorbereitet. Es entsteht ein Verlust von 12%.

Wie viel kg ungeputzte Bohnen müssen für 3,450 kg geputzte und geschnittene Bohnen eingekauft werden?

Komma	
kg ↓	

522. Aufgabe

Es sollen 50 Portionen Pommes frites mit einem Rohgewicht von 150 g je Portion vorbereitet werden. Der Schneideverlust beträgt 20% und der Schälverlust 25%.

Wie viel kg Kartoffeln müssen vom Lager angefordert werden?

Komma	
kg ↓	

523. Aufgabe

Eingekauft wurden 20,500 kg Möhren. Durch unsachgemäße Lagerung konnten nur 16,250 kg verarbeitet werden.

a) Wie hoch war der Lagerverlust in %?

Komma	
% ↓	

b) Wie viel kg Möhren konnten nicht verwendet werden?

Komma	
kg ↓	

c) Wie viel kg Möhren können gegart werden, wenn mit einem Putzverlust von 18% zu rechnen ist?

Komma	
kg ↓	

524. Aufgabe

100 g Linsen enthalten 18 g Eiweiß, 45 g Kohlenhydrate und 1 g Fett. Beim Einweichen und Garen nehmen Linsen 160% Wasser auf.

a) Geben Sie das Gewicht von 250 g Trockenware nach dem Garen an.

Gramm

b) Wie viel g Eiweiß sind in 250 g Linsen enthalten?

Gramm

c) Wie viel kJ enthalten 250 g Linsen?

kJ

Fachausdrücke

12 Zwischenmahlzeiten

525. Aufgabe

Von der Betriebsleitung erhalten Sie die Aufgabe gestellt, kalte Vorgerichte zu fertigen. Welchen fachlichen Forderungen müssen die Vorspeisen entsprechen?

1. Ein kalter Vorspeisenteller soll so viel wie möglich enthalten und soll so bunt wie möglich sein, um dem Gast zu zeigen, dass das Haus etwas bieten kann
2. Vorgerichte dürfen sättigen und sollen daher reich gehalten werden
3. Sie müssen harmonisch im Geschmack und appetitlich angerichtet sein
4. Kalte Vorgerichte dürfen nicht kalt serviert werden, sie müssen etwa Zimmertemperatur haben
5. Bei einer gemischten Vorspeisenplatte muss unbedingt Kaviar, Austern oder Hummer etc. dabei sein

526. Aufgabe

Welchen Wert haben die Zwischengerichte innerhalb eines Menüs?

1. Sie sollen eine Steigerung des Menüs sein
2. Sie sollen den Appetit erhalten und den Vitaminwert des Menüs erhöhen
3. Zwischengerichte in einem einfachen Menü eingebaut, sollen dem Menü ein festliches Gepräge geben
4. Sie sollen den Übergang eines Gerichtes zum anderen kulinarisch überbrücken
5. Sie haben keinen Wert

527. Aufgabe

Eine warme Vorspeise soll serviert werden. Suchen Sie aus den vorgegebenen Speisen die warme Vorspeise heraus!

1. Kalbsbries mit rosa Champignons im Reisrand
2. Rehrückenfilet mit Sherrysauce
3. Hausgemachter Rumtopf
4. Scampi-Cocktail mit Grapefruitfilets
5. Linsenessenz mit Krebsklößchen

528. Aufgabe

Welches Gericht eignet sich für eine kalte Vorspeise?

1. Ein Ragout fin
2. Eine Ochsenschwanzsuppe
3. Ein Limettensorbet
4. Eine geräucherte Forelle
5. Eine Tomatenessenz

529. Aufgabe

Welches Gericht eignet sich für eine warrne Vorspeise?

1. Kalbsgeschnetzeltes mit Reis
2. Ragout von Meeresfrüchten
3. Savarin mit Früchten
4. Geräucherter Lachs
5. Geflüggelsalat im Kartoffelkörbchen

530. Aufgabe

Frank soll für eine warme Vorspeisenplatte Gemüse auswählen, die im Bierteig gebacken werden können. Welche Gemüsegruppe ist für diesen Zweck geeignet?

1. Karotten, Blumenkohl, Schwarzwurzeln, Gurken
2. Gurken, Auberginen, Zucchini, Spargel
3. Blumenkohl, Zucchini, Zwiebeln, Auberginen
4. Blumenkohl, Erbsen, Karotten, Auberginen
5. Blumenkohl, Zwiebeln, Rote Bete, Spargel

531. Aufgabe

Welche Gruppe von Früchten können als kalte Vorspeise gereicht werden?

1. Melone, Banane, Apfel
2. Melone, Grapefruit, Avocado
3. Melone, Erbeere, Apfel
4. Melone, Grapefruit, Zitrone
5. Melone, Birne, Apfelsine

532. Aufgabe

Kennzeichnen Sie die Gemüse, die als Vorspeise mariniert gereicht werden, mit einer 1, Gemüse, die als Vorspeise gefüllt werden, mit einer 2.

Artischocken	1	Artischockenböden	2
Champignons	2	Gurken	2
Spargel	1	Blumenkohl	1

533. Aufgabe

In welcher Zubereitung werden Eier als kalte Vorspeise serviert?

1. Gebratene Eier
2. Gebackene Eier
3. Verquirlte Eier
4. Gefüllte Eier
5. Fritierte Eier

534. Aufgabe

Welche Gruppe von geräucherten Fischen werden bevorzugt zu kalten Vorspeisen verwendet?

1. Forelle, Karpfen, Makrele
2. Forelle, Hecht, Lachs
3. Forelle, Aal, Lachs
4. Forelle, Aal, Sprotte
5. Forelle, Lachs, Hering

535. Aufgabe

Was ist eine Galantine?

1. Eine Süßspeise, die unter Verwendung von Gelatine hergestellt wird
2. Eine Vorspeise, deren Hauptbestandteil Gelatine oder Aspik ist
3. Eine Blätterteigpastete, gefüllt mit Geflügelfleisch
4. Eine Rollpastete, gefüllt mit feiner Farce
5. Ein Ragout aus weißem Wildgeflügel

Zwischenmahlzeiten

536. Aufgabe

Welche Sauce passt zu einer Wildpastete?

1. Johannisbeersauce
2. Madeirasauce
3. Himbeersauce
4. Preiselbeersauce
5. Cumberlandsauce

537. Aufgabe

Für ein Salatbüfett sollen Sie fettarme Salatsaucen und Dressing zubereiten. Welche Rohstoffe würden Sie verwenden?

1. Mayonnaise, Öl, Dickmilch
2. Essig, Öl, Schmand
3. Saure Sahne, Öl, Ketchup
4. Essig, Öl, Sahne
5. Quark, Joghurt, Dickmilch

538. Aufgabe

Welche Würzsauce reicht man zu Ragout fin im Näpfchen?

1. Worcestershire-Sauce
2. Senf-Sauce
3. Soja-Sauce
4. Tabasco-Sauce
5. Tomaten Chutney

539. Aufgabe

Welches Besteck decken Sie zur geräucherten Forelle ein?

1. Großes Besteck
2. Kleines Besteck
3. Entremetbesteck
4. Fischbesteck
5. Zwei Gabeln

540. Aufgabe

Sie servieren ein schwedisches Vorgericht. Welches Getränk empfehlen Sie?

1. Weinbrand
2. Aquavit
3. Cognac
4. Cointreau
5. Grand Marnier

Situation zur 541. bis 543. Aufgabe

Frank wird beauftragt Canapés für einen Empfang herzustellen.

541. Aufgabe

Was bedeutet das Wort Canapé?

1. Kleine Weißbrotschnitte mit Käse belegt
2. Kleine Weißbrotschnitte mit Lachs belegt
3. Kleine, mundgerechte Vollkornschnitte pikant belegt
4. Kleine, mundgerechte Weißbrotschnitte pikant belegt
5. Kleine, mundgerechte Schwarzbrotschnitte pikant belegt

542. Aufgabe

Welche passende Garnitur verwendet Frank für die verschiedenartigen Canapés? Ordnen Sie zu!

Garnitur
1. Sahnemeerrettich, Dill, Zitrone
2. Walnusskerne, Trauben
3. Sardellenfilet, Kapern
4. Mixed Pickles
5. Ananas, Lebermus

Arten von Canapés

Canapé mit Tatar	3
Canapé mit geräuchertem Lachs	1
Canapé mit rohem Schinken	4
Canapé mit Geflügelbrust	5
Canapé mit Blauschimmelkäse	2

543. Aufgabe

Was muss Frank beachten, wenn er die Canapés auf der Platte anrichtet?

1. Die Canapés müssen dicht gelegt werden, damit von der Platte nichts mehr zu sehen ist
2. Die verwendeten Garnituren auf der Platte müssen essbar sein
3. Unter die Canapés werden grundsätzlich Salatblätter gelegt
4. Der Rand der Platte muss mitbelegt werden
5. Fisch und Käse können nicht auf einer Platte angerichtet werden

▶ 2

12.1 Lernfeldbezogenes Rechnen

12.1.1 Berechnungen von Rezepturen, Mengen, Kosten und Erträgen

544. Aufgabe

Ein Frühstück wird wie folgt zusammengestellt:

250 g Kaffee,
 70 g 10-%-ige Kondensmilch
 15 g Zucker
 40 g Butter
 65 g Vollei
160 g Brot

in 100 g des jew. Lebensmittels sind enthalten:

	Kohlenhydrate (g)	Eiweiß (g)	Fett (g)
Kaffee	0,8	0,4	0,1
Kondensmilch (10 %)	12,0	9,0	10,0
Zucker	99,8	–	–
Butter	0,7	0,6	81,0
Vollei	0,7	12,8	11,5
Brötchen	58,0	6,8	0,5

KH (g)

Eiweiß (g)

Fett (g)

a) Berechnen Sie die Anteile in g von Kohlenhydrat, Eiweiß und Fett des gesamten Frühstücks.

b) Wie viel kJ enthält das gesamte Frühstück?
   (1 g KH – 17 kJ, 1 g Eiweiß – 17 kJ, 1 g Fett – 39 kJ, bitte runden)

kJ

Zwischenmahlzeiten

545. Aufgabe

Für 200 Personen soll Kartoffelsalat hergestellt werden. Man benötigt pro Person 180 g. Es wird mit einem Zubereitungsverlust von 20 % gerechnet.

Wie viel kg ungeschälte Kartoffeln müssen für den Kartoffelsalat im Magazin angefordert werden?

Komma
kg ↓

546. Aufgabe

Für 25 Personen soll eine Wurstplatte hergestellt werden. Pro Person wird mit 65 g gerechnet.

Was kostet die Wurstplatte, wenn 125 g Aufschnitt 1,20 EUR kosten?

Komma
EUR ↓ Ct.

547. Aufgabe

Für einen Obstsalat werden folgende Obstsorten miteinander gemischt:

3/4 Pfund Äpfel – je kg 2,00 EUR,   625 g Birnen – je Pfund 1,50 EUR,
2 1/2 Pfund Apfelsinen – je kg 3,60 EUR,   3/4 kg Bananen je 1/2 Pfund – 1,00 EUR

Berechnen Sie den Preis für 125 g Obstsalat!

Komma
EUR ↓ Ct.

548. Aufgabe

Für eine Mitternachtssuppe soll für 25 Personen eine Ochsenschwanzsuppe zubereitet werden. Pro Person rechnet man mit 140 g Fleischeinwaage. 1 kg Ochsenschwanz kostet 3,60 EUR.

Wie viel Euro sind für die Fleischeinlage für 25 Personen zu berechnen?

Komma
EUR ↓ Ct.

549. Aufgabe

Der Inklusivpreis für ein Brunch pro Person wird mit 12,00 EUR angegeben.

Wie hoch dürfen die Materialkosten sein, wenn der Betrieb mit 225 % Gesamtaufschlag rechnet?

Komma
EUR↓ Ct.

550. Aufgabe

Die Materialkosten für ein Vesper betragen pro Person 3,47 EUR. Der Betrieb kalkuliert mit 120 % Gemeinkosten, 12 % Umsatzbeteiligung und 16 % Mehrwertsteuer. Der Gast muss für eine Vesper 11,50 EUR bezahlen.

Mit welchem Gewinn in Prozent rechnet der Betrieb?

Komma
% ↓

Zwischenmahlzeiten

13 Kalte und warme Büfetts

Situation zur 551. bis 560. Aufgabe

Der Chef des Restaurants „Zur Krone" hat seinen Gebäudekomplex erweitert. Es wurden zusätzlich Räume für max. 250 Personen geschaffen. Das Team, bestehend aus 4 Personen, wurde beauftragt sich mit dem Themengebiet kalte und warme Büfetts auseinanderzusetzen.

551. Aufgabe

Frank hat mit seinen Kollegen ein kalt-warmes Büfett aufgebaut. Dabei sind ihnen einige Fehler unterlaufen. Bringen Sie den Aufbau des Büfetts in die richtige Reihenfolge.

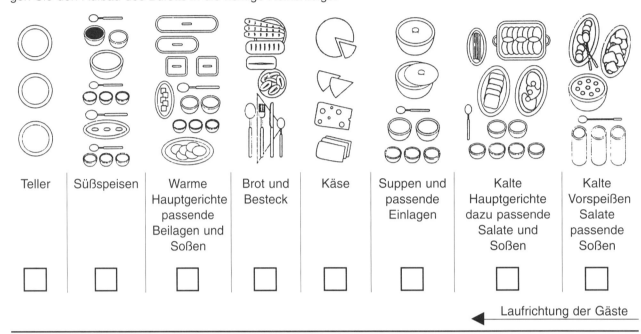

Teller	Süßspeisen	Warme Hauptgerichte passende Beilagen und Soßen	Brot und Besteck	Käse	Suppen und passende Einlagen	Kalte Hauptgerichte dazu passende Salate und Soßen	Kalte Vorspeißen Salate passende Soßen
☐	☐	☐	☐	☐	☐	☐	☐

◄ Laufrichtung der Gäste

552. Aufgabe

Die warmen Speisen müssen über einen längeren Zeitraum warm gehalten werden. Welches Gerät muss Frank dafür bereitstellen?

1. Stövchen
2. Rechaud
3. Shafing dishes
4. Gueridon
5. Teelichter

553. Aufgabe

Damit das Büfett sauber und ordentlich aussieht, wird Anna beauftragt, das Büfett mit einer Ummantelung zu versehen. Wie heißt diese Ummantelung?

1. Gueridon
2. Skirting
3. Cloche
4. Gardine
5. Faltenrock

► ☐

554. Aufgabe

Worauf muss das Team bei der Auswahl der Speisen achten?

1. Es müssen überwiegend kalte Speisen auf das Büfett gestellt werden
2. Die Speisen müssen in Form von Mundbissen gereicht werden
3. Die kalte und warme Speisenauswahl sollte ausgewogen sein
4. Die Auswahl an Fischgerichten sollte größer sein als die der Fleischgerichte
5. Schalen- und Krustentiere gehören nicht auf ein Büfett

► ☐

555. Aufgabe

Für welche Personenzahl ist ein Büfett am wenigsten geeignet?

1. Für über 200 Personen
2. Für 70–80 Personen
3. Für 60 Personen
4. Für 40–60 Personen
5. Für 15 Personen

556. Aufgabe

Frank und Anna sollen bei einer Veranstaltung hinter dem Büfett stehen. Welche Aufgabe müssen sie übernehmen?

1. Sie sollen die Gäste beraten und ihnen bei der Auswahl der Speisen behilflich sein
2. Sie sollen die leeren Platten vom Büfett abräumen
3. Sie sollen aufpassen, dass die Gäste sich keinen Nachschlag nehmen
4. Sie sollen die vollen Teller der Gäste an deren Tisch tragen
5. Sie sollen ständig für Nachschub sorgen

557. Aufgabe

Welchen Vorteil bringt ein Büfett für die Gäste im Vergleich zu einem 3-Gänge-Menü?

1. Der Gast hat die Möglichkeit sich beim Büfett schneller zu bedienen
2. Der Gast kann sich mehrmals am Büfett selbst bedienen
3. Der Gast wird vom Personal bedient
4. Der Gast kann die Speisen individuell zusammenstellen und sich über einen längeren Zeitraum mit Speisen selbst bedienen
5. Der Gast bekommt vom Koch individuell Speisen zusammengestellt und frisch zubereitet

558. Aufgabe

Für ein kaltes Büfett für 250 Personen soll Frank einen Dienstplan schreiben. Welche Aussage nimmt er als Grundlage zur Festlegung der Personalzahl?

1. Es wird genauso viel Personal eingesetzt wie im À-la-carte-Geschäft
2. Man benötigt einen hohen Personaleinsatz
3. Man benötigt einen geringeren Personaleinsatz als im À-la-carte-Geschäft
4. Man benötigt mehr Personal als im À-la-carte-Geschäft
5. Sämtliches Personal muss an diesem Tag zur Verfügung stehen

559. Aufgabe

Welche Tafelform eignet sich zum Stellen eines kalten Büfetts?

1. Block, Hufeisen, Kamm-Form, E-Form
2. Block, lange Tafel, L-Form, runde Tische
3. Block, T-Form, Kamm-Form, Hufeisen
4. Runde Tische, Block, U-Form, Hufeisen
5. Block, lange Tafel, L-Form, Hufeisen

560. Aufgabe

Welchen Zweck verfolgt man mit einem kalten und warmen Büfett?

1. Es gibt dem Essen ein festliches Gepräge
2. Es soll den Gästen zwischen den Mahlzeiten eine willkommene Leckerei und Erfrischung bieten
3. Es soll den Gästen die Möglichkeit einer zwanglosen Bewirtung geben
4. Jeder Gast soll sich an seiner Lieblingsspeise erfreuen
5. Der Gast soll die Kunst des Kochens bewundern

▶ ☐

13.1.1 Berechnungen von Rezepturen, Mengen, Kosten und Erträgen

561. Aufgabe

Für ein kaltes Bufett soll 8,400 kg Roastbeef gebraten und anschließend aufgeschnitten werden. Man rechnet mit einem Bratverlust von 22 % und einem Schneideverlust von 8 %.

Komma
kg ↓

Wie viel kg geschnittenes Roastbeef können auf Platten angerichtet werden?

---

562. Aufgabe

Für eine rustikale Wurstplatte werden verwendet:
0,850 kg Schinkenspeck zu 9,00 EUR je kg, 0,625 g Leberwurst zu 7,00 EUR je kg 1,250 kg gekochter Schinken zu 14,00 EUR je kg, 0,400 kg Jagdwurst zu 7,50 EUR je kg

Komma
EUR ↓ Ct.

a) Wie viel Euro beträgt der Gesamtmaterialpreis?

Portionen

b) Für wie viele Personen reicht die Wurstplatte, wenn mit 125 Gramm pro Person gerechnet wird?

---

563. Aufgabe

Für ein Büfett werden in der Küche 4 Köche von 14:30 Uhr bis 17:30 Uhr eingeplant. Am Morgen meldet sich ein Koch krank.

Uhr

Um wie viel Uhr müssen die 3 Köche mit der Arbeit beginnen, damit das Büfett um 17:30 Uhr erstellt ist?

---

564. Aufgabe

Für ein Galabüfett, zu dem 160 Personen erwartet werden, stehen insgesamt 8.000,00 EUR zur Verfügung.

Komma
EUR ↓ Ct.

a) Wie viel Euro Materialkosten stehen der Küche bei einem Gesamtaufschlag von 145 % zum Einkauf bereit?

Komma
EUR ↓ Ct.

b) Wie viel Euro sind das pro Person?

---

565. Aufgabe

Für ein kaltes Büfett rechnet der Küchenchef mit einem Materialpreis von 12,00 EUR pro Person. Bei der Kalkulation geht er von folgenden Angaben aus Gemeinkosten, 120 %, Gewinn 25 %, Umsatzbeteiligung 15 % und 16 % Mehrwertsteuer.

a) Wie viel Euro beträgt der Inklusivpreis?

Komma
EUR ↓ Ct.

b) Wie viel % beträgt der Bruttoaufschlag?

Komma
% ↓

566. Aufgabe

8 Köche können in 3 Stunden ein Büfett für 260 Personen herstellen.

Für wie viele Personen könnten 9 Köche in nur 2 1/2 Stunden ein Büfett erstellen?

Personen

567. Aufgabe

Ein Büfett wird für 70 Personen vorbereitet. Es soll dafür Schweinefilet in Blätterteig gebacken werden. Pro Person wird mit 135 g gegartem Filet gerechnet. Beim Backen entsteht ein Verlust von 25 %.

Wie viel kg Schweinefilet müssen vorbereitet werden?

Komma
kg ↓

568. Aufgabe

Die Arbeiten für ein Büfett wurden bisher von 9 Köchen in 8 Stunden bewältigt. Diesmal stehen für die Arbeiten nur 6 Köche zur Verfügung.

Wie viele Stunden benötigen die Köche, um das Büfett fertig zu stellen?

Std.

569. Aufgabe

Der Gastgeber einer Geburtstagsfeier mit 64 Gästen wünscht unter anderem auf dem warmen Büfett Rinderbraten mit Spätzle und Kopfsalat. Das Rezept ist für 10 Personen angegeben:

Rinderbraten aus der Keule	2,000 kg	10,80 EUR/kg
Schmalz	0,200 kg	2,00 EUR/kg
Wurzelgemüse	0,500 kg	1,70 EUR/kg
Mehl	0,125 kg	0,90 EUR/kg
Tomatenmark	0,075 kg	1,40 EUR/kg
Spätzle (Fertigprodukt)	2,000 kg	1,30 EUR/kg
Margarine	0,075 kg	1,80 EUR/kg
Kopfsalat	4 Köpfe	0,80 EUR je Kopf
Gewürze und Zutaten		1,40 EUR

a) Berechnen Sie die Materialkosten für 64 Personen!

Komma
EUR ↓ Ct.

b) Ermitteln Sie den Inklusivpreis für 64 Personen bei 135 % Gemeinkosten, 21 % Gewinn, 15 % Umsatzbeteiligung und 16 % Mehrwertsteuer!

Komma
EUR ↓ Ct.

c) Geben Sie den Inklusivpreis für eine Person an!

Komma
EUR ↓ Ct.

13.1.2 Umrechnung von Rezepten bei gegebener Portionenzahl

570. Aufgabe

Für 20 Portionen legierte Spargelsuppe, serviert mit gerösteten Weißbrotwürfeln, benötigt man: 2 l Fleischbrühe, 3 l Spargelwasser, 1,000 kg Spargelabschnitte, 1/2 l Sahne, 6 Eigelb, 120 g Butter, 150 g Mehl, 200 g Weißbrot. Wie viel g der einzelnen Materialien werden für 8 Personen benötigt?

571. Aufgabe

Die Rezeptur für Minestrone ist für 8 Personen angegeben. Berechnen Sie die Materialien für 25 Personen.

1,5 Liter Fleischbrühe, 200 g Kartoffeln, 200 g Zucchini, 180 g Tomaten, 150 g Sellerie, 100 g Porree, 80 g weiße, getrocknete Bohnen, 50 g Zwiebeln, 50 g Parmesankäse, 10 ml Öl, 1 Knoblauchzehe, (Lorbeerblätter, Basilikum, Rosmarin, Salz, frisch gemahlener Pfeffer).

572. Aufgabe

Das Grundrezept für Rindergulasch ist für 10 Personen angegeben. Berechnen Sie die Menge der einzelnen Zutaten für 65 Personen:

1650 g Rindfleisch aus der Keule, 140 g Fett, 800 g Zwiebeln, 40 g Tomatenmark.

573. Aufgabe

Es sollen Bouillonkartoffeln für 85 Personen zubereitet werden.
Das Grundrezept ist für 10 Personen angegeben. Berechnen Sie die einzelnen Zutaten für 85 Personen:

1850 g geschälte Kartoffeln, 30 g Sellerie, 50 g Karotten, 100 g Lauch, 3/4 Liter Brühe.

574. Aufgabe

Für eine gefüllte Lammkeule benötigt man für 8 Personen folgende Zutaten:

2,000 kg Lammkeule, 400 g Zucchini, 200 g Zwiebeln, 200 ml Rotwein, 50 g Mandeln, 20 g Öl, 1 Eigelb, 1 Zitrone, 4 Knoblauchzehen, 1 Teel. weiße Pfefferkörner, 10 g Petersilie, 100 g Parmesankäse, (Rosmarin, Salz, frisch gemahlener Pfeffer).

Wie viel der einzelnen Zutaten benötigt man für 30 Personen?

13.1.3 Umrechnung von Rezepten mithilfe der Schlüsselzahl

575. Aufgabe

Für einen Geflügelsalat benötigt man:

2,000 kg gegartes Geflügelfleisch, 4 Scheiben Ananas je 85 g, 200 g geschälte Äpfel, 250 g geschälte Clementinen, 100 g Kirschen, 200 g Mayonnaise, 8 l Sahne und Gewürze.

a) Errechnen Sie die Schlüsselzahl!

b) Welche Mengen sind von den einzelnen Zutaten erforderlich, wenn für 80 Personen je 200 g gerechnet werden?

576. Aufgabe

Das Grundrezept für einen Obstsalat lautet 400 g Orangen, 300 g Bananen, 200 g Apfel, 60 g Kiwis, 50 g blaue Weintrauben, 20 g Honig, 20 g Walnüsse, Saft einer Zitrone.

a) Errechnen Sie die Schlüsselzahl!

b) Wie viel kg der einzelnen Rohstoffe müssen bereitgestellt werden, wenn 55 Personen verköstigt werden und jede Person 200 g bekommen soll?

577. Aufgabe

Für ein „Griechisches Büfett" für 80 Personen soll Bauernsalat zubereitet werden. Dem Koch steht folgendes Rezept zur Verfügung:

400 g Fleischtomaten, 300 g Gurke, 150 g Schafskäse, 120 g Zwiebeln, 1 Kopfsalat, 20 g Peperoni, 30 g schwarze oder grüne Oliven, 10 Kapern.

a) Ermiteln Sie die Schlüsselzahl!

b) Berechnen Sie die erforderlichen Mengen, wenn man pro Person mit 200 g rechnet!

---

578. Aufgabe

Die Zutaten für einen Waldorfsalat sind 300 g Sellerie, 250 g Äpfel, 50 g Walnüsse, 150 g saure Sahne, 1 Essl. Zitronensaft, 1 Essl. Öl, Salz, weißer Pfeffer, 1 Prise Zucker. Es sollen 180 Personen mit je 120 g versorgt werden.

Ermitteln Sie die Schlüsselzahl!

---

14 Nachspeisen

579. Aufgabe

Welches Speiseeis darf nach der Speiseeisverordnung mit Joghurt u. a. hergestellt werden?

1. Kunstspeiseeis
2. Milchspeiseeis
3. Kremeis
4. Eiskrem
5. Rahmeis

580. Aufgabe

Zur Herstellung von Mürbeteigen gibt es viele Rezepte. Erklären Sie das Grundrezept: 1:2:3!

1. 1 Teil Zucker, 2 Teile Fett, 3 Teile Mehl
2. 1 Teil Fett, 2 Teile Zucker, 3 Teile Mehl
3. 1 Ei, 2 Teile Fett, 3 Teile Mehl
4. 1 Teil Wasser, 2 Teile Fett, 3 Teile Mehl
5. 1 Ei, 2 Teile Mehl, 3 Teile Zucker

581. Aufgabe

Was versteht man unter einem leichten Teig?

1. Sie enthalten außer den Grundrohstoffen keine weiteren Zutaten
2. Es sind die zuckerreichen Teige
3. Es sind die fettreichen Teige
4. Leichte Teige sind auf der Grundlage von Eiern aufgebaut
5. Leichte Teige sind auf der Arbeitsweise „schlagen", „rühren" aufgebaut

582. Aufgabe

Welche der nachfolgenden Gebäcke werden aus Hefeteig hergestellt?

1. Savarin, Berliner Pfannkuchen, Dampfkuchen
2. Savarin, Baba, Bouchées
3. Berliner Pfannkuchen, Windbeutel, Eclair
4. Eclair, vol au vent, Fleurons
5. Dampfnudeln, Berliner Pfannkuchen, Quiche lorraine

583. Aufgabe

Für eine Eierspeise schlagen Sie Eigelb und Eiweiß getrennt auf. Vor dem Garen ziehen Sie das schaumig geschlagene Eiweiß unter das cremig geschlagene Eigelb und würzen. Wie würden Sie das Gericht nennen?

1. Omelette
2. Omelette soufflée
3. Eierkuchen
4. Palatschinken
5. Schmarrn

584. Aufgabe

Welchen Zweck hat der Biskuit beim Omelette surprise?

1. Er soll das Omelette größer erscheinen lassen
2. Er schützt das Eis vor der Ofenhitze
3. Er dient als Unterlage
4. Er ist die Bindung zwischen Eis und Omelettemasse
5. Dem Omelette mehr Nährwert zu geben

585. Aufgabe

Welche Mantelmasse wird zu einer Eisbombe Chantilly verwendet?

1. Schokoladeneis
2. Himbeereis
3. Aprikoseneis
4. Vanilleeis
5. Tee-Eis

---

586. Aufgabe

Ordnen Sie die Hefegrundteige den betreffenden Gebäcken zu!

Hefegrundteige

1. Halbfester Hefeteig
2. Fester, fettreicher Hefeteig
3. Plunderteig
4. Dickflüssiger Hefeteig
5. Geschlagener Hefeteig

Gebäcke

Krapfen ☐ 5

Hörnchen ☐ 3

Savarins ☐ 4

Stollen ☐ 2

Blechkuchen ☐ 1

---

587. Aufgabe

Ordnen Sie zu, indem Sie die Kennziffern von 4 der insgesamt 7 Teige und Massen in die Kästchen bei den Verwendungsmöglichkeiten eintragen!

Teige und Massen

1. Blätterteig
2. Hefeteig
3. Brandmasse
4. Ausbackteig
5. Biskuitmasse
6. Pfannkuchenteig
7. Mürbteig

Verwendungsmöglichkeiten

Profiteroles ☐ 3

Beignets ☐ 4

Petits fours ☐ 5

Baba ☐ 2

---

588. Aufgabe

Früchte (Obst) können in der Küche für jeden Gang einer Speisenfolge verwendet werden. Wodurch zeichnen sich Früchte aus?

1. Früchte haben einen hohen Nährwertgehalt
2. Früchte enthalten viel Wasser
3. Früchte enthalten Fett und geben das Gefühl der Sättigung
4. Früchte wirken durch den Gehalt an Fruchtsäuren appetitanregend
5. Früchte haben durch die Zubereitung keinen ernährungsphysiologischen Wert mehr

---

589. Aufgabe

Wodurch besitzt Obst seinen erfrischenden Charakter?

1. Durch die leichte Verdaulichkeit
2. Durch den Gehalt an Obstsäuren
3. Durch den hohen Saftgehalt
4. Durch den Zuckergehalt
5. Durch den Apfelsäuregehalt

---

590. Aufgabe

Womit werden Mischfrüchte aromatisiert?

1. Mit Schaumwein
2. Mit Weißwein
3. Mit Südwein
4. Mit Reiswein
5. Mit Likör

---

591. Aufgabe

Was sind Crêpes?

1. Crêpes sind in Fett gebackene und gezuckerte Weißbrotschnitten
2. Es sind in Backteig getauchte Obstschnitten, in Fett gebacken
3. Es sind Auflaufkrapfen, die mit Hilfe einer Brandteigmasse hergestellt werden
4. Es sind kleine, dünne, durch Sahne und Butter verfeinerte, Omeletten mit besonders feinen Füllungen
5. Es sind kleine, durch Sahne und Butter verfeinerte, in Butter gebackene, dünne Pfannkuchen mit besonderen Füllungen

---

592. Aufgabe

Was versteht man unter einem Pudding?

1. Eine kalte Süßspeise
2. Eine gekochte Süßspeise
3. Eine im Wasserbad gestockte Süßspeise
4. Eine mit Gelatine gebundene Süßspeise
5. Eine mit Sago gebundene Süßspeise

---

593. Aufgabe

Welche Kaltschale wird mit Eigelb legiert?

1. Bier-Kaltschale
2. Wein-Kaltschale
3. Mandel-Kaltschale
4. Reis-Kaltschale
5. Sago-Kaltschale

---

594. Aufgabe

Was versteht man unter einem Sorbet?

1. Ein Kremeis
2. Ein Früchtekühltrunk
3. Ein Rahmeis
4. Ein Milchspeiseeis
5. Ein Kunstspeiseeis

595. Aufgabe

Sie bereiten kleine, mit Butter und Sahne verfeinerte dünne Pfannkuchen. Um was handelt es sich hier?

1. Palatschinken
2. Schmarren
3. Kaiserschmarren
4. Eierkuchen
5. Crêpes

---

596. Aufgabe

Welches Produkt stellt ein Confiseur her?

1. Eis
2. Konfekt
3. Brotgebäck
4. Kleingebäck
5. Diätspeisen

---

597. Aufgabe

Welchen Reis verwendet man für die Süßspeise „Reis Trauttmansdorff"?

1. Langkornreis
2. Rundkornreis
3. Naturreis
4. Schwarzer Reis
5. Carolinareis

---

598. Aufgabe

Ordnen Sie zu, indem Sie die Kennziffern von 4 der insgesamt 7 Beschreibungen in die Kästchen bei den Käsesorten eintragen!

Beschreibungen

1. Ein italienischer Edelpilzkäse mit bläulichem Schimmel
2. Ein noch nicht ausgereifter Parmesankäse
3. Ein Weichkäse mit weißem Schimmelbelag
4. Ein Sauermilchkäse mit Kümmelzusatz
5. Ein französischer Edelpilzkäse
6. Ein schweizer Hartkäse mit großen Löchern
7. Ein holländischer Hartkäse mit gelber Rinde

Käsesorten

Camembert `3`

Gorgonzola `1`

Roquefort `5`

Gouda `7`

---

599. Aufgabe

Welche Käsegruppe enthält ausschließlich Hartkäse?

1. Romadur, Brie, Roquefort
2. Münster, Chester, Stilton
3. Emmentaler, Chester, Cheddar
4. Parmesan, Camembert, Edamer
5. Harzer, Greverzer, Tilsiter

Nachspeisen

600. Aufgabe

Welcher Wein wird zu Käse als Würzbissen serviert?

1. Gehaltvoller Dessertwein
2. Milder Weißwein
3. Trockener Rotwein
4. Trockener Weißwein
5. Halbtrockener Schaumwein

 1

601. Aufgabe

Welche Käsegruppe eignet sich für ein Käsefondue?

1. Emmentaler, Parmesan
2. Roquefort, Gouda
3. Gouda, Stilton
4. Emmentaler, Greyerzer
5. Emmentaler, Camembert

 4

14.1 Fachausdrücke

602. Aufgabe

Ordnen Sie zu, indem Sie die Kennziffern von 6 der insgesamt 9 Fachbegriffe bei den deutschen Bezeichnungen eintragen!

Fachbegriffe

1. Entremets froids
2. Beignets
3. Crêpes
4. Glace
5. Soufflé
6. Savouries
7. Sorbet
8. Parfait

Deutsche Bezeichnungen

Würzbissen	6
Aufläufe	5
Speiseeis	4
Krapfen	2
Halbgefrorenes	8

603. Aufgabe

Ordnen Sie zu, indem Sie die Kennziffern von 3 der insgesamt 6 französischen Fachbezeichnungen in die Kästchen bei den deutschen Übersetzungen eintragen!

Französische Fachbezeichnungen

1. Entremets froids
2. Canapés
3. Saumon fumé
4. Bouchées
5. Potage
6. Gâteau

Deutsche Übersetzungen

Kalte Süßspeisen	1
Blätterteigpastetchen	4
Kuchen	6

Nachspeisen

604. Aufgabe

Ordnen Sie zu, indem Sie die Kennziffern von 3 der insgesamt 5 deutschen Bezeichnungen in die Kästchen bei den französischen bzw. englischen Begriffen eintragen!

Deutsche Bezeichnungen	Englische bzw. französische Bezeichnungen	
1. Kekse		
2. Speiseeis	Timbales/Timbales	5
3. Krapfen		
4. Würzbissen	Fritters/Beignets	3
5. Becherpasteten		
	ice-cream/Glaces	2

14.2 Lernfeldbezogenes Rechnen

14.2.1 Berechnungen von Rezepturen, Mengen, Kosten und Erträgen

605. Aufgabe

Um einen Mürbeteig von 3,600 kg herzustellen, werden die Zutaten Zucker, Butter und Mehl im Verhältnis 1 : 2 : 3 verarbeitet.

Wie viel Gramm Zucker, Butter und Mehl werden benötigt?

Zucker	Butter	Mehl

606. Aufgabe

Eine Steige Pfirsiche enthält 16 Stück und wiegt brutto 2,4 kg. Die Tara beträgt 20 %.

Wie viel Gramm wiegt ein Pfirsich?

Gramm

607. Aufgabe

Für 10 Personen wird Karamelkrem nach folgendem Rezept hergestellt:

1 Liter Milch	zu 0,55 EUR je Liter
200 g Zucker	zu 0,85 EUR je 1,000 kg
1 Vanillestange	zu 1,40 EUR je Stück
8 Eier	zu 0,15 EUR je Stück

280 g Zucker für Karamel.

a) Berechnen Sie die Materialkosten einer Portion.

b) Ermitteln Sie den Inklusivpreis einer Portion, wenn der Koch mit einem Gesamtaufschlag von 210 % rechnet!

Komma	
EUR	Ct.

608. Aufgabe

Zum Flambieren von Obst muss die Spirituose über 40 % Alkohol enthalten.

Wie viel 96 %igen Sprit muss man 4 l Weinbrand zusetzen (38 Vol. %), damit ein Verschnitt von 44 % entsteht?

Komma ↓

Nachspeisen

609. Aufgabe

Aus einer Brandmasse werden 45 Spritzringe hergestellt. Folgende Zutaten werden benötigt: 2 Liter Wasser, 130 g Fett, 400 g Weizenmehl, 11 Eier je 50 g sowie Salz und Gewürze. Der Kochverlust beträgt 7 %. Ein Ring soll nach dem Backen 45 g wiegen, wobei der Backverlust 23 % beträgt.

Berechnen Sie die erforderlichen Mengen unter Verwendung der Schlüsselzahl!

610. Aufgabe

Wie viele Portionen Eis kann man aus 6,5 Litern abgeben, wenn 1 Portion $\frac{1}{20}$ Liter enthält und der Portionierverlust 3 % beträgt?

Wie hoch ist der Gesamtverkaufspreis, wenn 1 Portion mit 2,00 EUR verkauft wird?

611. Aufgabe

Zur Herstellung von 16 Portionen Süßspeise werden 300 g Zucker verwendet.

Wie viel kg Zucker werden für 200 Portionen benötigt?

612. Aufgabe

Ein Stück Emmentaler Käse wiegt 450 g. Es enthält 40 % Wasser. In der Trockenmasse sind 45 % Fett enthalten.

Wie viel g Fett enthält dieses Stück Käse?

613. Aufgabe

Ein Rezept für Apfelbeignets sieht für 10 Personen folgende Zutaten vor:
1,5 kg Äpfel, 0,5 kg Mehl, 4 Liter Bier, 30 g Öl, 1 Eigelb, 4 Eiklar, 150 g Backfett, 2 cl Weinbrand und 80 g Zimtzucker.

Berechnen Sie die Zutatenmenge für 35 Personen!

15 À-la-Carte-Geschäft

614. Aufgabe

Bringen Sie die folgenden Ablaufschritte im À-la-carte-Service in die richtige Reihenfolge!

Platzieren des Gastes ☐

Aufnehmen der Bestellung ☐

Abrechnen mit dem Gast ☐

Begrüßen des Gastes ☐

Vorlegen der Karte ☐

Verabschieden des Gastes ☐

Gästeberatung ☐

Servieren der Getränke und Speisen ☐

615. Aufgabe

Frank soll einem Gast den Begriff „À la carte" erklären. Welche Beschreibung muss er anwenden?

1. Das heißt, mit der Karte bezahlen
2. Das heißt, aus der Angebotskarte auswählen
3. Das heißt, aus der Dessertkarte auswählen
4. Das heißt, jeder Gast erhält eine Getränkekarte
5. Das heißt, der Gast bekommt die verzehrten Speisen auf eine Kreditkarte gebucht

▶ ☐

616. Aufgabe

Welcher Menüteil ist Ausgangspunkt für eine Menüplanung mit mehreren Gängen?

1. Kalte Vorspeise
2. Suppe
3. Warme Vorspeise
4. Zwischengericht
5. Hauptgang

▶ ☐

617. Aufgabe

Was müssen Sie kontrollieren, bevor Sie den angerichteten Teller an das Servicepersonal abgeben?

1. Die Größe des Tellers
2. Eventuelle Unsauberkeiten auf dem Tellerrand
3. Fachlich richtige Dekoration
4. Wärme des Tellers
5. Farbe des Tellers

▶ ☐

618. Aufgabe

Nach welchem Gesichtspunkt wird im Allgemeinen eine Speisenkarte gegliedert?

1. Nach dem Ablauf einer Speisenfolge
2. Nach dem Stellenwert der Preise
3. Nach dem Nährwert der Speisen
4. Nach der Zubereitungsart der Speisen
5. Nach der Qualität der Speisen

619. Aufgabe

Die verschiedenen Mahlzeittypen kann man in zwei Gruppen einteilen:
a) Mahlzeiten für den Alltag   b) Besondere Mahlzeiten
Welche der folgenden Mahlzeiten gehört zur Gruppe b)?

1. Das erste Frühstück
2. Das zweite Frühstück
3. Der Lunch
4. Das Souper
5. Das Abendessen

620. Aufgabe

Welche Menagen stellt man auf eine Festtafel?

1. Nur Salz
2. Salz und Pfeffer
3. Würzsoßen
4. Pfeffermühle
5. Keine Menagen

621. Aufgabe

Warum wird eine Tageskarte erstellt?

1. Um eine günstige Resteverwertung zubereiteter Speisen betreiben zu können
2. Um ein gleich bleibendes Angebot über einen längeren Zeitraum bereithalten zu können
3. Um saisonbedingte Speisen und günstig eingekaufte Rohstoffe absetzen zu können
4. Um auf die Leistungsfähigkeit der Küche hinweisen zu können
5. Um einen gleichmäßigen Arbeitsanfall für die Servicebrigade gewährleisten zu können

622. Aufgabe

Nach welchem Gang sollte die Mundserviette des Gastes gewechselt werden?

1. Nach dem Hauptgang
2. Nach dem Fischgang
3. Nach dem Gang, bei dem eine Fingerbowle eingesetzt wurde
4. Nach dem Käsegang
5. Vor einer warmen Süßspeise

623. Aufgabe

Ordnen Sie zu, indem Sie 3 der insgesamt 6 Speisen in die Kästchen bei den Bestecken eintragen!

1. Omelette
2. Bouillabaisse
3. Spaghetti
4. Irish Stew
5. Wildpastete
6. Eier im Näpfchen

Bestecke

Große Gabel, großer Löffel ☐

Große Gabel ☐

Große Gabel, großes Messer und Suppenlöffel ☐

À-la-Carte-Geschäft

624. Aufgabe

Wie lange bleibt der Präsentierteller am Platz stehen?

1. Bis zur kalten Vorspeise
2. Wird nach der Suppe abgeräumt
3. Bleibt bis zum Schluss der Speisenfolge stehen
4. Der Käsegang wird direkt darauf vorgelegt
5. Wird nach dem Hauptgang ausgehoben

---

625. Aufgabe

Wie viele Besteckteile dürfen maximal eingedeckt werden

a) rechts von der Serviette/Platzteller?			b) links von der Serviette/Platzteller?
1.	3 Teile	und	4 Teile
2.	5 Teile	und	3 Teile
3.	2 Teile	und	3 Teile
4.	3 Teile	und	2 Teile
5.	4 Teile	und	3 Teile

---

626. Aufgabe

Welche Besteckteile werden für Omelette confitüre eingedeckt?

1. Mittellöffel und Mittelgabel
2. Mittelgabel und Mittelmesser
3. Mittelmesser und Kuchengabel
4. Große Gabel und großes Messer
5. Große Gabel

---

627. Aufgabe

Was setzen Sie zusätzlich zum Gedeck ein, wenn Sie Geflügel servieren, das der Gast mit den Fingern anfasst?

1. Eine Fingerbowle
2. Eine Fingerbowle und einen Knochenteller
3. Eine Fingerbowle und eine zusätzliche Serviette
4. Einen Knochenteller
5. Einen Knochenteller und eine zusätzlicher Serviette

---

628. Aufgabe

Welche Tellerart wird für Muscheln eingesetzt?

1. Große, flache Teller
2. Große, tiefe Teller
3. Kleine Mittelteller
4. Kleine Glasteller
5. Kleine Beilagenteller

---

629. Aufgabe

Wie viele Teller mit Suppe darf ein Restaurantfachmann höchstens mit einem Gang zur Tafel tragen?

1. Nur 1 Teller
2. 2 Teller
3. 3 Teller
4. 4 Teller
5. Über 4 Teller

À-la-Carte-Geschäft

630. Aufgabe

Gerichte können am Tisch des Gastes gegart und zubereitet werden. Welches eignet sich dafür?

1. Rinderbraten
2. Kalbsragout
3. Seezunge Colbert
4. Rinderfilet Wellington
5. Filetspitzen Stroganoff

15.1 Fachausdrücke

631. Aufgabe

Zu den Arbeitsgeräten beim Tranchieren benötigt man ein Tranchelard. Was ist das?

1. Ein Tranchierstahl zum Abziehen der Messer
2. Ein ovales Tranchierbrett mit Rinne
3. Ein kurzes starkes Messer
4. Ein nicht biegsames Messer
5. Ein langes biegsames Messer

632. Aufgabe

Was muss der Restaurantfachmann beim Tranchieren eines blutig gebratenen Stückes beachten?

1. Er muss das Stück mit der Faser schneiden
2. Er darf beim Arbeiten niemals mit der Gabel in das Stück stechen, weil sonst der Saft ausläuft
3. Die Mitteltranchen müssen kurz nachgebraten werden
4. Er muss die Enden zuerst servieren
5. Er muss die Enden stets auspressen

633. Aufgabe

Für folgendes zu erstellende Festmenü ordnen Sie die einzelnen Gänge den verschiedenen Küchenposten zu, die diese zubereiten.

1. Entenleberterrine, Butter und Mundbrötchen
2. Kraftbrühe Royal
3. Seezunge Colbert, Fenchel-Karottensalat mit Nüssen
4. Kalbskrone nach Gärtnerinart
5. Orangenparfait mit frischen Erdbeeren, Eisgebäck

Potager	2
Gardemanger	1
Saucier/Rôtisseur	4
Poissonier	3
Pâtissier	5

634. Aufgabe

Was bedeutet der Fachausdruck „Supplément"?

1. Das Aufdecken einer Deckserviette
2. Das Wechseln eines Tischtuches
3. Das Vorlegen von Speisen
4. Das Darbieten von Speisen zur Selbstbedienung
5. Das Nachreichen von Speisen

À-la-Carte-Geschäft

635. Aufgabe

Ordnen Sie zu, indem Sie die Kennziffern von 6 der insgesamt 9 französischen Fachausdrücke in die Kästchen bei den deutschen Bezeichnungen eintragen!

Französische Bezeichnungen

1. farce
2. petits fours
3. supplément
4. fleurons
5. parure
6. Selle de mouton
7. hors d'oeuvre
8. Entrecôte
9. jus

Deutsche Bezeichnungen

Vorspeise	7
Zwischenrippenstück	8
Füllung	1
Nachreichen	3
Bratensaft	9
Hammelrücken	6

636. Aufgabe

Ordnen Sie zu, indem Sie die Kennziffern von 4 der insgesamt 8 Garungsarten in die Kästchen bei den französischen Fachbezeichnungen eintragen!

Garungsarten

1. Gekocht
2. Gedämpft
3. Gargezogen
4. Gedünstet
5. Geschmort
6. Gebraten
7. Gegrillt
8. Im Fettbad gebacken

Französische Fachbezeichnungen

poché	3
frit	8
braisé	5
rôti	6

637. Aufgabe

Ordnen Sie zu, indem Sie die Kennziffern von 4 der insgesamt 7 französischen und englischen Fachwörter in die Kästchen bei den deutschen Übersetzungen eintragen!

Französische und englische Fachwörter

1. Savouries
   Savories
2. Potages liés
   Thick soups
3. Plats d'oeuf
   Egg Dishes
4. Crustacé
   Shell-fish
5. Légumes et Pâtes alimentaires
   Vegetables and Farinaceous Dishes
6. Entremets de douceur
   Hot and cold Sweets
7. Glaces, Pâtisserie
   Ices and Pastries

Deutsche Übersetzungen

Gebundene Suppen	2
Gemüse und Teigwaren	5
Würzbissen	1
Süßspeisen	6

Fachausdrücke

À-la-Carte-Geschäft

15.2 Lernfeldbezogenes Rechnen

15.2.1 Berechnungen im À-la-carte-Geschäft

638. Aufgabe

Ein Gast wählt aus der Karte 1 Portion Schweinebraten mit Rotkraut und Kartoffelknödeln. Die Rezeptur ist für 10 Personen angegeben.

Berechnen Sie den Inklusivpreis für 1 Portion bei folgenden Aufschlägen: 220 % Gemeinkosten, 24 % Gewinn, 15 % Umsatzbeteiligung und 16 % MwSt. (bei den folgenden Aufgaben bitte runden).

Schweinebraten	2,000 kg	6,60 EUR/kg
Margarine	0,075 kg	1,40 EUR/kg
Wurzelgemüse	0,500 kg	1,25 EUR/kg
Rotkraut	2,000 kg	0,60 EUR/kg
Speck/Schmalz	0,150 kg	4,00 EUR/kg
Äpfel	0,500 kg	1,50 EUR/kg
Zwiebeln	0,250 kg	0,45 EUR/kg
Kartoffeln	3,000 kg	0,60 EUR/kg
Grieß	0,200 kg	3,80 EUR/kg
Kartoffelstärke	0,150 kg	4,20 EUR/kg
Gewürze und Zutaten		1,50 EUR

Komma
EUR ↓ Ct.

639. Aufgabe

Eine Portion Wildschweinpfeffer mit Kartoffelklößen und Endividensalat soll im Inklusivpreis 13,80 EUR kosten.

Wie viel Euro stehen dem Koch zur Verfügung, wenn folgende Kalkulationsaufschläge berücksichtigt wurden: 16 % MwSt., 15 % Umsatzbeteiligung, 22 % Gewinn und 150 % Gemeinkosten?

Komma
EUR↓ Ct.

640. Aufgabe

Auf einer Tageskarte wird Forelle blau mit Petersilienkartoffeln und grünem Salat angeboten.

a) Berechnen Sie den Materialpreis für eine Portion!

b) Welcher Preis muss auf der Karte stehen, wenn mit einem Gesamtaufschlag von 230 % kalkuliert wird?

Komma
EUR↓ Ct.

Für 8 Portionen Forelle blau werden folgende Zutaten benötigt:

1,600 kg Forelle	6,80 EUR/kg	400 g Butter	33,40 EUR/kg
2,400 kg Kartoffeln	0,80 EUR/kg	2 Köpfe Salat	0,60 EUR/Kopf
Zitrone, Petersilie, Gewürze	2,80 EUR		

641. Aufgabe

Der Inklusivpreis für „Jägerschnitzel mit Pommes frites und Salat" beträgt 9,75 EUR. In diesem Betrag sind 165 % Gesamtaufschlag enthalten.

Komma
EUR↓ Ct.

Berechnen Sie den Materialpreis für das Gericht.

À-la-Carte-Geschäft

16 Bankett

Situation zur 642. bis 645. Aufgabe

Das Restaurant „Zur Krone" ist im Januar und Februar wesentlich schlechter ausgelastet als in den übrigen Monaten des Jahres. Deshalb versucht Franks Chef mit entsprechenden Maßnahmen den Umsatz zu steigern.

642. Aufgabe

Franks Chef erkundigt sich bei einem Marketingberater, mit welcher Maßnahme er am sinnvollsten beginnen soll. Welche betriebliche Maßnahme wird der ihm empfehlen?

1. Eine Marktforschung durchzuführen
2. Die Konkurrenz um Rat bitten
3. Eine neue Speisenkarte zu entwerfen
4. Neue Werbemittel einzusetzen
5. Eine Preissenkung vorzunehmen

643. Aufgabe

Franks Chef entscheidet sich für eine Werbemaßnahme, die den Gästekreis am individuellsten anspricht. Welches Werbemittel wird er einsetzen?

1. Rundfunkspot
2. Mailing
3. Internet
4. Fernsehspot
5. Flyer

644. Aufgabe

Frank wird beauftragt, eine Bankettmappe zusammenzustellen, die an anfragende Kunden verschickt werden soll. Welche Unterlagen gehören nicht in die Mappe?

1. Preisliste Tagungstechnik
2. Rahmenprogramm
3. Raumpläne
4. Speisen- und Getränkevorschläge
3. Arbeitsablaufplan

645. Aufgabe

Der Bankettvereinbarung des Restaurants „Zur Krone" entnimmt Frank folgende Formulierung: Bei einer Stornierung bis zu 30 Tage vor der Veranstaltung wird keine Miete bzw. Pauschale berechnet, vorausgesetzt der Tagungsraum kann anderweitig vermietet werden. Ein Veranstalter erkundigt sich am 24. April bei Frank, bis zu welchem Datum er kostenfrei stornieren kann, wenn die Veranstaltung am 20. Juni stattfinden soll. Welches Datum gibt Frank an?

1. Spätestens bis zum 2. Mai
2. Spätestens bis zum 16. Mai
3. Spätestens bis zum 20. Mai
4. Spätestens bis zum 24. Mai
5. Spätestens bis zum 10. Juni

16.1 Lernfeldbezogenes Rechnen

16.1.1 Berechnungen zum Bankett-Geschäft

646. Aufgabe

Unsere große TAGES-PAUSCHALE für Tagungen bietet Ihnen:

- Tagungsraum mit Overhead und Flip-chart
- 2 Tagungsgetränke pro Person im Raum am Vormittag
- 1 Kaffeepause am Vormittag mit Kaffee, Tee, Obst, Jogurt
- wahlweise Business-Lunch, Menü oder Büfett inkl. 1 alkoholfreies Getränk
- 2 Tagungsgetränke pro Person im Raum am Nachmittag
- 1 Kaffeepause am Nachmittag mit Kaffee, Tee, Gebäck
- 3-Gang-Menü zum Abendessen inkl. 1 Getränk
- Tagungsbetreuung
- Tagungsutensilien (Block, Schreibstifte)
- Mindestteilnehmerzahl 10 Personen

INKLUSIVPREIS 58,00 EUR pro Person und Tag

Ein Veranstalter hat die große Tagespauschale ausgewählt und möchte mit 120 Personen eine Tagung in Ihrem Hotel abhalten.

a) Wie viel Euro sind nach der Tagung mit dem Veranstalter abzurechnen?

b) Wie viel Euro MwSt. sind in diesem Betrag enthalten?

c) Wie viel Euro insgesamt stehen der Küche zur Verfügung, wenn mit einem Gesamtaufschlag von 220 % gerechnet wird und für Materialkosten der Küche 65 % des Betrages zugewiesen wird?

d) Wie viel Euro Materialkosten stehen der Küche für 1 Person zur Verfügung?

---

647. Aufgabe

Für ein 4-Gang-Menü wird ein Inklusivpreis von 22,40 EUR vereinbart.

a) Errechnen Sie den Materialpreis bei folgenden Aufschlägen:
180 % Gemeinkosten, 15 % Gewinn, 15 % Umsatzbeteiligung und 16 % MwSt.

b) Mit welchem Wareneinsatz in EUR kann die Küche rechnen, wenn aus Wettbewerbsgründen bei gleichen Aufschlägen der Gewinn auf 7 % gesenkt wird?

---

648. Aufgabe

Situation: In einem Verkaufsgespräch für eine Hochzeitsfeier wurden folgende Inhalte festgelegt: Anzahl der Personen – 40 Erwachsene, 40 Aperitifs/je Glas 2,00 EUR, Menü III – 28,00 EUR pro Person, eine dreistöckige Hochzeitstorte zu 60,00 EUR. Getränke (Wein, Bier) sowie Kaffee und Tee werden nach Verbrauch abgerechnet, Mitternachtssuppe – 6,00 EUR pro Person, 5 Blumengestecke zu 10,00 EUR das Gesteck, Kellnerzuschlag ab 1:00 Uhr pro Stunde 10,00 EUR (3 Stunden Verlängerung + 2 Restaurantfachkräfte), 3-Mann-Band – pro Stunde 125,00 EUR (Spielzeit insgesamt 8 Stunden bis 3:00 Uhr).

a) Auf wie viel Euro beläuft sich der Kostenvoranschlag?

b) Wie viel Euro sind bei einer Anzahlung von 40%, bezogen auf den Kostenvoranschlag, zu zahlen?

c) Bei einer Stornierung der Veranstaltung verlangt der Restaurantbesitzer 60% des Kostenvoranschlages. Wie viel Euro sind zu zahlen?

17 Aktionswoche

Situation zur 649. bis 656. Aufgabe

Aktionen sind Werbemaßnahmen, die das Ziel haben neue Gäste zu gewinnen, Stammgäste fester an ein Haus zu binden oder eine bessere Kapazitätsauslastung z. B. an Wochenenden oder in Urlaubszeiten zu erreichen. Deshalb werden Frank und Anna beauftragt, eine Aktion „Fit in den Frühling" im Restaurant „Zur Krone" zu planen und zu organisieren.

649. Aufgabe

Mit welcher Maßnahme starten Frank und Anna am sinnvollsten die Aktion?

1. Aufstellen einer Gästeliste
2. Mailing an Stammkunden verschicken
3. Organisations- und Ablaufpläne erstellen
4. Blumen und Pflanzen ordern
5. Mit dem Küchenchef den Speiseplan besprechen

▶ ☐

650. Aufgabe

Anna versteht den Begriff „Mailing" nicht. Welche Erklärung wendet Frank an?

1. Verschicken eines Angebots
2. Verschicken einer Rechnung
3. Verschicken eines Kostenvoranschlages
4. Verschicken eines Werbebriefes
5. Verschicken eines Hausprospektes

▶ ☐

651. Aufgabe

Welche Zielgruppe wird bei einer Fitnesswoche in erster Linie angesprochen?

1. Vegetarier
2. Senioren
3. Familien
4. Schulkinder
5. Fitness-Trainer

▶ ☐

652. Aufgabe

Bringen Sie die Arbeitsschritte zur Organisation einer Aktionswoche in die richtige Reihenfolge, indem Sie die Ziffern 1 bis 8 in die Kästchen eintragen!

Rezeptierung ☐

Auswahl der Thematik ☐

Probekochen ☐

Speisen- und Getränkeangebot festlegen ☐

Schulung des Personals für die Aktionswoche ☐

Angebote einholen ☐

Wareneinkauf tätigen ☐

Speisen und Getränke kalkulieren ☐

653. Aufgabe

Welche Gruppe von Rohstoffen eignet sich für eine Fitnesswoche?

1. Rindfleisch und Gemüse
2. Fisch und Schweinefleisch
3. Wild und Obst
4. Obst und Gemüse
5. Schalen- und Krustentiere

654. Aufgabe

Anna soll ein Fitness-Menü zusammenstellen. Welcher Rohstoff eignet sich nicht dafür?

1. Hühnerfleisch
2. Fisch
3. Salat
4. Kalbfleisch
5. Schweinebauch

655. Aufgabe

Bei dieser Aktion sollen die Kosten so niedrig wie möglich gehalten werden. Welche Werbung verursacht keine zusätzlichen Kosten?

1. Flyer
2. Freundliches, ausgeglichenes Personal
3. SMS über Handy versenden
4. Tafel am Eingang des Restaurants aufstellen
5. Kostenloser Begrüßungscocktail

656. Aufgabe

Am Ende der Aktion soll eine Erfolgskontrolle durchgeführt werden. Welche Maßnahme ist dafür geeignet?

1. Ermitteln des Warenumsatzes pro Sitzplatz
2. Ermitteln des Gewinns
3. Ermitteln von Meinungsäußerungen der Gäste mithilfe von Fragekärtchen
4. Ermitteln der Umschlagshäufigkeit
5. Auflistung der Absagen von Stammkunden

657. Aufgabe

In welcher Zeitspanne empfiehlt sich die Durchführung einer Aktionswoche für Deutschen Spargel?

1. November bis Januar
2. Mai bis Juni
3. Mai bis August
4. Juni bis August
5. August bis Oktober

658. Aufgabe

Welche Sauce eignet sich nicht für Spargel?

1. Sauce Bernaise
2. Sauce Vinaigrette
3. Sauce Hollandaise
4. Demi-Glace
5. Buttersauce

659. Aufgabe

Welchen Wein würden Sie zu einem Spargelessen empfehlen?

1. 1993er Rotling Oberrhein, Deutscher Tafelwein
2. 1998er Dornfelder, Kaiserpfalz
3. 1999er Bordeaux rot, Riesling
4. 1997er Elsässer Riesling, Burgunder rot
5. 1998er Silvaner trocken, Riesling

17.1 Lernfeldbezogenes Rechnen

17.1.1 Berechnungen zur Aktionswoche

660. Aufgabe

MENÜ

Feldsalat in
Sauerrahmdressing
mit Speck und Croutons

Hirschkeulenbraten in Pilzrahm,
dazu Rotkohl, Knödel und
Preiselbeeren

Schwarzwaldbecher
18,00 EUR

Die „WILD" Saison hat begonnen

a) Der Hirschkeulenbraten wiegt 3,200 kg. Man rechnet mit 180 g pro Portion. Wie viele Portionen ergibt der Hirschbraten, wenn mit einem Zubereitungsverlust von 30 % gerechnet wird?

Portionen

b) Es werden 28 Portionen Rotkohl je 135 g gebraucht. Der Putzverlust ist mit 18,5 % zu berücksichtigen. Wie viel kg ungeputzter Rotkohl müssen eingekauft werden?

Gramm

c) Wie viel Euro stehen dem Koch zur Verfügung, wenn mit einem Gesamtaufschlag von 120 % kalkuliert wird?

Komma
EUR↓ Ct.

---

661. Aufgabe

Für ein Spargelessen sind 18 Personen angemeldet. Pro Portion wird mit 300 g gegartem Spargel gerechnet. Der Schäl- und Zubereitungsverlust ist mit 32,5 % anzusetzen.

a) Wie viel kg Spargel sind für 18 Personen einzukaufen?

Gramm

b) Wie viel Euro Materialkosten sind für eine Portion anzusetzen, wenn 1 kg mit 8,50 EUR eingekauft wurde?

Komma
EUR↓ Ct.

c) Wie viel Euro beträgt der Inklusivpreis einer Portion Spargel, wenn der Betrieb mit folgenden Aufschlägen arbeitet: 160 % Gemeinkosten, 20 % Gewinn, 17,5 % Umsatzbeteiligung und 16 % Mehrwertsteuer?

Komma
EUR↓ Ct.

Für unsere Stammkunden
das aktuelle SOMMERANGEBOT

MONTAG
PIZZATAG
Jede Pizza ab 5,00 EUR kostet nur noch 4,50 EUR

Dienstag
SCHNITZELTAG
Auf jedes Schnitzelgericht erhalten Sie 2,5 % Rabatt

Donnerstag
NUDELTAG
Auf jedes Nudelgericht erhalten Sie 1,50 EUR Rabatt

ACHTUNG!
Bei einer Bestellung von 6 Pizzen erhalten Sie eine zusätzliche Pizza gratis.

Ab einer Bestellung von 15,00 EUR liefern wir frei Haus.
Bei einer Bestellung unte 15,00 EUR berechnen wir 2,50 EUR Anfahrtskosten
Firmen und Kliniken erhalten 10 % Rabatt!

Aktionswoche

a) Familie Müller bestellt am Montag:
1 × Pizza „Inferno" – 3,70 EUR, 4 × Pizzen „Toscana" – 5,50 EUR und 2 × Pizzen „Hawaii" – 3,50 EUR.
Wie viel Euro muss Familie Müller dem Pizza-Service bezahlen?

b) Am „Schnitzeltag" bekommt das Büro Effner folgende Schnitzel geliefert:
4 × Jägerschnitzel zu je 7,50 EUR, 3 × Rahmschnitzel zu je 7,80 EUR, 1 × Brokklischnitzel zu je 8,00 EUR und 6 × Riesenschnitzel zu je 8,50 EUR.
Wie viel Euro kosten die Schnitzel?

c) Eine Klinik bestellt am Donnerstag verschiedene Nudelgerichte:
2 × Lasagne „Vegetarisch" zu je 6,00 EUR, 4 × Spaghetti „Arabiata" zu je 5,50 EUR, 2 × Tortellini „Napoli" zu je 4,20 EUR und 2 × Rigatoni „Bolognese" zu je 5,50 EUR.
Wie viel Euro sind zu zahlen?

d) Frau Koch bestellt am Donnerstag Spaghetti „Carbonara" zu 5,50 EUR.
Wie viel kostet das Nudelgericht?

e) Eine Klasse bestellt am Mittwoch nach der Abschlussprüfung
7 × Nudelgerichte zu je 5,50 EUR, 8 Pizzen zu je 5,00 EUR, 4 × Italienischen Salat zu je 5,50 EUR und 6 × Jägerschnitzel zu je 7,50 EUR.
Wie viel Euro muss die Klasse für alle Gerichte bezahlen?

18 Speisenfolge

663. Aufgabe

Welche Speisenfolge ist richtig?

1. Kalte Vorspeise – Suppe – Fleisch – Fisch – Nachspeise
2. Warme Vorspeise – Suppe – Fisch – Fleisch – Nachspeise
3. Kalte Vorspeise – warme Vorspeise – Suppe – Nachspeise – Fleisch
4. Suppe – kalte Vorspeise – Fisch – Fleisch – Nachspeise
5. Suppe – warme Vorspeise – Fisch – Fleisch – Nachspeise

664. Aufgabe

Für den Hauptgang einer Mahlzeit kennt man in der Regel vier Hauptplatten. Welche Hauptplatte gibt es nicht?

1. Hauptplatte von Fisch
2. Hauptplatte von Schlachtfleisch
3. Hauptplatte von Blattgemüse
4. Hauptplatte von Geflügel
5. Hauptplatte von Wildbret

665. Aufgabe

Finden Sie den Fehler in der Harmonie der aufeinander folgenden Gänge!

1. Getrüffelte Gänseleberpastete
2. Klare Ochsenschwanzsuppe
3. Hechtklößchen
4. Schweinshaxe
5. Überraschungsomelett

> 4

666. Aufgabe

Auf der Speisenkarte sind folgende Speisenbezeichnungen zu lesen:
Kennzeichnen Sie richtig geschriebene Speisenbezeichnungen mit einer **1**
falsch geschriebene Speisenbezeichnungen mit einer **2**

Russische Eier	2
Zigeunerschnitzel	2
Pfirsich Melba	1
Rumpsteak Mirabeau	1
Seezunge Menuière	2

667. Aufgabe

Welche Schreibweise auf Speisenkarten entspricht den Empfehlungen der Gastronomischen Akademie Deutschlands?

1. Forelle „Müllerin"
2. Forelle nach Müllerinart
3. Lendenschnitte à la Dubarry
4. Lendenschnitte nach Dubarry
5. Seezunge nach Colbert

668. Aufgabe

Unterscheiden Sie
A Zweckessen,
B Festessen.
Ordnen Sie die aufgeführten Anlässe A oder B zu!

1. Firmenjubiläum
2. Theaterpremiere
3. Hochzeit
4. Diplomatenempfang
5. Taufe
6. Geburtstag

A		B
2		6
4		5
1		3

669. Aufgabe

Von welchen Faktoren hängen die verschiedenen Mahlzeiten ab?

1. Von der Nationalität der Gäste/vom Appetit/von den Vitaminen
2. Von dem Appetit der Gäste/von den enthaltenen Mineralstoffen
3. Von dem Zweck, wofür die Mahlzeit angerichtet ist/von der Tageszeit
4. Von dem Sättigungswert/vom Appetit
5. Von der Tageszeit/vom Appetit

▶ 3

670. Aufgabe

Bringen Sie die folgenden Speisen eines 5-Gänge-Menüs in die richtige Reihenfolge, indem Sie die Ziffern 1 bis 5 in die Kästchen eintragen!

Medaillon vom Kalb auf Rösti mit geschmortem Gemüse   4

Dessert von frischen Früchten   5

Taubenbrust in Trüffelcrêpe auf Apfel-Selleriekompott   1

Doppelte Kraftbrühe mit Käsestangen   2

Mit Estragon gratiniertes Steinbuttfilet   3

671. Aufgabe

Wie viele Gänge umfasst die klassische Speisenfolge höchstens?

1. Bis zu 6 Gänge
2. Bis zu 8 Gänge
3. Bis zu 9 Gänge
4. Bis zu 15 Gänge
5. Bis zu 18 Gänge

▶ 4

Speisenfolge

Situation zur 672. bis 673. Aufgabe

Frank soll für eine Geburtstagsfeier mit 20 Gästen eine Speisenfolge zusammenstellen.

672. Aufgabe

Welche grundlegenden Richtlinien muss er beachten?

1. Jahreszeit, Anlass, Sonderangebote
2. Preis, Anlass, Alter der Gäste
3. Jahreszeit Preis, Anlass, Teilnehmerzahl
4. Jahreszeit, Marktangebote, Teilnehmerzahl
5. Preis, Anlass, Küchenpersonal

▶ ☐ 3

673. Aufgabe

Frank stellt folgendes Menü zusammnen: Tomatensuppe – Hähnchen in Paprikasauce – Rote Grütze mit flüssiger Sahne. Gegen welche Regel zur Erstellung eines Menüs hat er verstoßen?

1. Die Wiederholung eines Rohstoffes innerhalb eines Menüs sollte vermieden werden
2. Die Wiederholung einer Farbe innerhalb eines Menüs sollte vermieden werden
3. Die Wiederholung einer Zubereitungsart innerhalb eines Menüs sollte vermieden werden
4. Die Wiederholung einer Garungsart innerhalb eines Menüs sollte vermieden werden
5. Die Wiederholung einer Geschmacksrichtung innerhalb eines Menüs sollte vermieden werden

▶ ☐ 2

674. Aufgabe

Ordnen Sie die folgenden Speisen den entsprechenden Jahreszeiten zu!

Jahreszeit	Speisen	
1. Frühling		
2. Sommer	Gänsebraten	☐ 4
3. Herbst		
4. Winter	Lammkeule	☐ 1
	Christstollen	☐ 4
	Spargel	☐ 1
	Erdbeeren	☐ 2
	Grüne Sauce	☐ 1
	Wildschweinbraten	☐ 3
	Muscheln	☐ 2

Speisenfolge

675. Aufgabe

Sie lesen folgendes Menü auf einer Karte: Gänseleberpastete – Schneckenrahmsuppe – Sauerbraten mit Klößen und Rotkraut – Frische Erbeeren mit Vanilleeis.
Entspricht das Menü den fachlichen Regeln?

1. Nein, die Reihenfolge der Gänge wurde nicht eingehalten
2. Nein, die Garungsart wurde nicht gewechselt
3. Ja, es entspricht den fachlichen Regeln
4. Nein, die Qualität der Rohstoffe und Speisen müssen sich innerhalb des Menüs steigern
5. Nein, die Rohstoffe wurden nicht gewechselt

---

676. Aufgabe

Bringen Sie die folgenden Speisen in die richtige Reihenfolge, indem Sie die Ziffern 1 bis 6 in die Kästchen eintragen!

Masthuhn vom Spieß — 4

Steinbutt mit Sauce hollandaise — 3

Kleiner Vorspeisenteller — 1

Klare Tomatensuppe — 2

Mocca und Gebäck — 6

Sizilianische Eisbombe — 5

---

677. Aufgabe

Bringen Sie die folgenden Gänge eines Menüs in die richtige Reihenfolge, indem Sie die Ziffern 1 bis 6 in die Kästchen eintragen!

Käseauswahl vom Brett — 6 · 5

Klare Ochsenschwanzsuppe mit Sherry — 2 · 2

Hausgeräucherter, norwegischer Lachs — 3 · 1

Rinderfilet mit Brokkoli, Schlosskartoffeln — 4 · 4

Frischer Stangenspargel mit Sauce hollandaise — 1 · 3

Eisbombe mit Hippen umlegt — 5 · 6

678. Aufgabe

Zu einem Menü werden auch Getränke gereicht. Wann reichen Sie halbsüßen Sekt?

1. Zur Vorspeise
2. Zur Suppe
3. Zur Hauptplatte
4. Zum Dessert
5. Zum Gebäck

---

679. Aufgabe

Welches sind die Grundregeln, Weine zu Speisen zu geben?

1. Leichte Weine zu leichten Speisen
2. Weiße Weine zu leichten Speisen
3. Rote Weine zu schweren Speisen
4. Weiße Weine zu dunklen Speisen
5. Vom schweren Wein zum leichten Wein

---

680. Aufgabe

Welche Weine geben Sie zu Vorspeisen?

1. Leichte spritzige Weine
2. Herbe Weine
3. Vollblumige Weine
4. Schwere Weine
5. Südweine

---

681. Aufgabe

Zu welchem Getränk serviert man in der Regel warmen Zwiebelkuchen?

1. Zu altem Rotwein
2. Zum Altbier
3. Zur Bowle
4. Zum Federweißen
5. Zum Marsala

---

682. Aufgabe

Kennzeichnen Sie nachstehende Getränke, die zu den

1. Aperitifs gehören
2. Digestifs gehören.

Weinbrand	2
Grappa	2
Campari	1
Likör	2
Trockener Sherry	1
Süßer Sherry	2
Magenbitter	2

Speisenfolge

18.1 Lernfeldbezogenes Rechnen

18.1.1 Berechnungen zur Speisenfolge

683. Aufgabe

Berechnen Sie die Rezepturen, Mengen und Kosten eines 4-Gang-Menüs, bestehend aus einer Vorspeise, einem Zwischengang, einem Hauptgang und einer Nachspeise!

4-GANG-MENÜ

Crostini mit Käse überbacken

*

Gemüsebrühe mit Klößchen

*

Gefüllte Putenbrust mit Rauke
und grünen Bohnen

*

Topfenknödel mit Himbeeren

I Vorspeise

Crostini mit Käse überbacken

Zutaten für 10 Pers.	Preis
2 Tomaten (150 g)	1,80 EUR/kg
100 g Staudensellerie	0,80 EUR/kg
400 g Käse	9,20 EUR/kg
40 g Kapern	2,60 EUR/100 g
50 ml Olivenöl	5,20 EUR/Liter
1 1/2 Stangen Baguette	1,10 EUR/Stck.
Salz, Pfeffer	0,10 EUR

II Zwischengang

Gemüsebrühe mit Klößchen

Zutaten für 10 Pers.	Preis
Klößchen:	
200 g Butter	3,80 EUR/kg
1 Ei	0,14 EUR/Stck.
4 Eigelbe	0,14 EUR/Stck.
200 g Weißbrotkrume	0,70 EUR/kg
Salz, Muskat	0,06 EUR
Gemüsebrühe:	
1 1/2 Liter Gemüsebrühe	0,25 EUR/Liter
5 Kopfsalatherzen	0,25 EUR/Stck.
50 g frischer Kerbel	1,50 EUR

Gemüsebrühe:

Zutaten für 10 Pers.	Preis
800 g grüne Bohnen	3,50 EUR/kg
70 g Zwiebeln	0,90 EUR/kg
50 g Butter	3,80 EUR/kg
250 ml Hühnerbrühe	0,24 EUR/Liter
250 g Cocktailtomaten	5,60 EUR/kg
1 Bund Rauke	0,60 EUR/Bund
Salz, Pfeffer	0,05 EUR

III Hauptgang

Gefüllte Putenbrust mit Rauke und grünen Bohnen

Zutaten für 10 Pers.	Preis
1,500 kg Putenbrustfilet	8,00 EUR/kg
400 g Frischkäse	4,45 EUR/kg
100 g ger. Bergkäse	9,95 EUR/kg
1 Eigelb	0,14 EUR/Stck.
250 g Butterschmalz	3,00 EUR/kg
1 Bund Schnittlauch	0,50 EUR/Bund
1 Bund Petersilie	0,50 EUR/Bund
2 Thymianzweige	0,15 EUR/Zweig
Mehl, Paniermehl, Ei	0,50 EUR

IV Nachspeise

Topfenknödel mit Himbeeren

Zutaten für 10 Pers.	Preis
Knödelteig:	
500 g Magerquark	1,06 EUR/kg
200 g Toastbrot	1,50 EUR/kg
150 g Puderzucker	1,70 EUR/kg
100 g Butter	3,80 EUR/kg
2 Eier	0,14 EUR/Stck.
2 Eigelbe	0,14 EUR/Stck.
600 g Himbeeren	3,50 EUR/kg
100 g Butter	3,80 EUR/kg
50 g Zucker	0,89 EUR/kg
2 Tl. Koriander	0,15 EUR

---

1. Ermitteln Sie für jede Speisenfolge den Materialpreis

   a) für 10 Personen,
   b) pro Person.

2. Berechnen Sie den Inklusivpreis eines Menüs bei folgenden Aufschlägen:
   125 % Gemeinkosten, 23 % Gewinn, 15 % Umsatzbeteiligung, 16 % Mehrwertsteuer.

3. Wie viel Gewinn in Euro wurde an einem Menü erzielt?

Speisenfolge

19 Regionale In- und Ausländische Küche

684. Aufgabe

Ordnen Sie zu, indem Sie die Kennziffern von 3 der insgesamt 7 Länder in die Kästchen bei den international bekannt gewordenen Suppen eintragen!

Länder

1. Polen
2. Tschechien
3. Ungarn
4. Russland
5. Italien
6. Balkanländer
7. Frankreich

International bekannt gewordene Suppen

Minestrone	5
Bouillabaisse	7
Borschtsch	4

685. Aufgabe

Ordnen Sie zu, indem Sie die Kennziffern von 4 der insgesamt 7 Bundesländer in die Kästchen bei den zugehörigen Regionalsuppen eintragen!

Bundesänder

1. Berlin
2. Mecklenburg-Vorpommern
3. Sachsen
4. Bayern
5. Westfalen
6. Hessen
7. Baden-Württemberg

Regionalsuppen

Löffelerbsensuppe	1	2
Leberknödelsuppe	4	4
Grünkernsuppe	7	3
Bohnensuppe	5	1

686. Aufgabe

Ordnen Sie 3 der Vorspeisen dem jeweiligen Land zu!

Vorspeisen

1. Tapas
2. Hors d'œvre
3. Sakuski
4. Smörgåsbord
5. Antipasti

Länder

Italien	5
Schweden	4
Spanien	1

687. Aufgabe

Bringen Sie die folgenden Arbeitsschritte zur Zubereitung einer ungarischen Gulaschsuppe in die richtige Reihenfolge, indem Sie die Ziffern 1 bis 6 in die Kästchen eintragen!

Gewürfeltes Rindfleisch beifügen und abwürzen *2* ☐ 1

In Streifen geschnittene rote Paprika zusetzen *4* ☐

Kleingerissene Nudelteigstückchen beifügen *6* ☐ 6

Gehackte Zwiebeln hellgelb anrösten *1* ☐ 2

Mit Wasser, gegebenenfalls Brühe, aufgießen *3* ☐ 3

Gewürfelte Kartoffeln und Tomaten zusetzen und garkochen *5* ☐ 4

688. Aufgabe

Für welches Gericht verwendet man Kalbshaxen in Scheiben geschnitten?

1. Piccata
2. Milanaise
3. Saltimbocca
4. Osso buco
5. Navarin

689. Aufgabe

Viele Nationalgerichte werden mit Reis zubereitet. Welche Gruppe enthält ausschließlich Reisgerichte?

1. Risotto, Paella, Pilaw
2. Risotto. Polenta, Risipisi
3. Risotto, Pilaw, Polenta
4. Risotto, Paella, Couscous
5. Risotto, Risipisi, Polenta

690. Aufgabe

Aus den Rohstoffen Lammfleisch, Kartoffeln, Zwiebeln sollen Sie ein Nationalgericht zubereiten. Wie heißt das Gericht?

1. Labskaus
2. Pichelsteiner
3. Fleischeintopf
4. Irish Stew
5. Himmel und Erde

▶ ☐

19.1 Lernfeldbezogenes Rechnen

19.1.1 Berechnungen zur In- und Ausländischen Küche

691. Aufgabe

Moussaka ist ein griechischer Auflauf aus Auberginen, Tomaten Lammhack und Bechamelsoße.
Zutaten für 4 Portionen:
1 000 g Auberginen, 10 El Olivenöl, 600 g Tomaten, 200 g Zwiebeln, 600 g Lamm- oder Rinderhackfleisch, 2 El Tomatenmark, 100 ml Weißwein, 3 Eier, 30 g Mehl, 40 g Butter, 100 g frisch geriebener griechischer Hartkäse, 2 El Paniermehl, Salz, Pfeffer, 2 Knoblauchzehen, getrockneter Oregano, 1 Prise Zimt, 3/8 l Milch, 3 Tl Zitronensaft, etwas frisch geriebene Muskatnuss.

a) Erstellen Sie eine Warenanforderungsliste für 20 Personen.
b) Ermitteln Sie die aktuellen Preise pro Einheit und berechnen Sie die Materialkosten für eine Portion.
c) Berechnen Sie den Inklusivpreis für 1 Portion bei einem Gesamtaufschlag von 240 %.
d) 1 Portion Moussaka enthält 56 g Eiweiß, 70 g Fett und 32 g Kohlenhydrate. Geben Sie den Nährwert einer Person in kJ an (1 g KH = 17 kJ; 1 g Fett = 39 kJ; 1 g Eiweiß = 17 kJ).

kJ
☐

692. Aufgabe

Für Frankfurter Rippchen mit Kraut benötigt man pro Portion 120 g gepökeltes und gekochtes Rippchen.

Wie viel g Fleisch sind für 1 Portion einzukaufen, wenn mit einem Gar- und Zubereitungsverlust von 35 % gerechnet wird?

Gramm
☐

693. Aufgabe

Ein Rezept für Berner Rösti für 4 Personen lautet:
600 g Pellkartoffeln, 64 g Butterschmalz, 60 g Zwiebeln, 32 g Speck.

a) Berechnen Sie die Zutaten für eine Portion.
b) Es sollen insgesamt 6,750 kg Pellkartoffeln zu Rösti verarbeitet werden. Berechnen Sie die restlichen Zutatenmengen.

694. Aufgabe

Gazpacho – kalte spanische Gemüsesuppe – Rezeptur für 4 Personen
Zutaten:
500 g Tomaten, 300 g Salatgurke, 150 g Zwiebeln, 100 g rote Paprikaschote, 100 g Weißbrot oder Toastbrot, 125 ml Sahne, 15 ml Essig, 3–4 Knoblauchzehen, Salz, Pfeffer, Basilikum, Majoran und etwas Tomatensaft.

a) Kalkulieren Sie den Materialwert für eine Portion, indem Sie die aktuellen Preise der Rohstoffe erfragen und einsetzen.
b) 1 Portion Gazpacho liefert 837 kJ. In einer Portion sind 5 g Eiweiß, 11 g Fett und 19 g KH enthalten. Wie viel kJ liefern 11 g Fett?

kJ
☐

Lösungen

1.	3	62.	3	123.	5	184.	2,4,5
2.	4	63.	4	124.	3	185.	3
3.	2	64.	3	125.	5	186.	5
4.	2	65.	4	126.	2,4,6,1,8	187.	4
5.	4	66.	2	127.	3	188.	5
6.	3	67.	3	128.	4	189.	1
7.	4	68.	3	129.	4	190.	4,1,2,3
8.	2	69.	5	130.	4	191.	1
9.	5	70.	3	131.	3,4,2,1		
10.	2	71.	3	132.	2,1,1,2,1,2,2,1	228.	5
11.	5	72.	4	133.	3	229.	1
12.	2	73.	3	134.	5,3,2	230.	2
13.	1,2,2,1,2	74.	4	135.	5,1,2,4,2,5,2,5,4,1,2,1	231.	4
14.	2,2,1,1,2,1	75.	5	136.	1,2,2,1,2,1,2,2	232.	1,3,4,5
15.	2	76.	5	137.	2	233.	2
16.	1	77.	1	138.	3	234.	2
17.	4	78.	2	139.	3	235.	2
18.	1	79.	1	140.	1	236.	3
19.	3	80.	1	141.	1	237.	3
20.	5,7,4,1	81.	3	142.	3	238.	4
21.	4	82.	2,1,2,3,2,2	143.	2	239.	3
22.	4	83.	1	144.	4	240.	2
23.	3	84.	3	145.	2	241.	5,3,1,4,2
24.	5	85.	5,1,4,3,2	146.	1	242.	2
25.	3	86.	2	147.	4	243.	1
26.	4	87.	5	148.	4	244.	2
27.	3	88.	2	149.	3	245.	3,5,1,2,4
28.	4	89.	4	150.	2	246.	4
29.	2	90.	2	151.	5	247.	4
30.	5	91.	3	152.	1	248.	4,2,3,1
31.	3	92.	5	153.	2	249.	1
32.	3	93.	5	154.	3	250.	2
33.	2	94.	5	155.	3	251.	3
34.	2	95.	4	156.	2	252.	2
35.	2	96.	3	157.	4	253.	3
36.	4	97.	2	158.	4	254.	2
37.	4	98.	4,5,2,7	159.	3	255.	2
38.	2	99.	3	160.	4,2,3,1,6,5	256.	3
39.	4	100.	4	161.	3	257.	2
40.	5	101.	2	162.	4	258.	3,5,4,1
41.	2,1,2,2,1,1,1,2	102.	4	163.	3,5,2	259.	3,5,1
42.	4	103.	4	164.	4	260.	2
43.	2	104.	2	165.	3	261.	3,6,4,7
44.	3	105.	2	166.	2	262.	4,7,5,2
45.	3	106.	4	167.	4,6,3	263.	1
46.	5	107.	3	168.	4	264.	4
47.	3	108.	4	169.	2	265.	4
48.	1	109.	1	170.	3	266.	5
49.	1	110.	1	171.	5	267.	2
50.	4	111.	4	172.	3	268.	3
51.	2	112.	2	173.	1	269.	3
52.	2,5	113.	1	174.	4,2,1	270.	6,4,1
53.	3	114.	1	175.	2,5,1,8,7,9,3,6,4	271.	5,8,7,4,1
54.	3	115.	2	176.	3	272.	3,5,9,2,8,1
55.	2	116.	4	177.	5	273.	3,4,6,8,2
56.	2	117.	5,1,6,3,2,4	178.	5,1,3,2,4,6	274.	2
57.	1	118.	4	179.	2,4,3,5,2,1,3	275.	4,1,5,2,9,3,8,6,7
58.	1	119.	4	180.	6,1,5,3	276.	3
59.	4	120.	1	181.	6,7,1,9,3	277.	3
60.	4	121.	3	182.	4,2,7,3	278.	4
61.	5	122.	5,3,2,1,4,7,6,8	183.	4	279.	3

280.	1	373.	1	436.	5	503.	4
281.	3	374.	5	437.	5,3,1,2,4	504.	1
282.	3	375.	5	438.	2	505.	3
283.	2	376.	5	439.	2	506.	5,2,3,4,1
284.	2	377.	1	440.	2	507.	4
285.	4	378.	4,5,6	441.	1	508.	4
286.	2	379.	3	442.	3	509.	1
287.	2	380.	1	443.	1	510.	3
288.	3	381.	4	444.	2,1,4	511.	1,4,5
289.	3	382.	3	445.	4	512.	4
290.	3	383.	3	446.	1,4,5,2,3	513.	2
291.	2	384.	3	447.	4	514.	1
292.	1	385.	5	448.	1	515.	1
293.	4	386.	4	449.	4	516.	3
294.	3	387.	3	450.	6,1,2		
295.	3	388.	5	451.	2,5,3,1,4	525.	3
296.	5	389.	1,2,5	452.	9,5,8,2,4,7,1	526.	2
		390.	3	453.	4	527.	1
317.	1	391.	2	454.	3	528.	4
318.	2	392.	4	455.	4	529.	2
319.	4	393.	5,1,2	456.	2	530.	3
320.	4	394.	1	457.	4	531.	2
321.	3,7,1,6,2,5,4,8	395.	4	458.	3	532.	1,2,1,2,2,1
322.	5	396.	4	459.	4	533.	4
323.	3	397.	3	460.	5,2,4	534.	3
324.	1,2,2,1,2,1	398.	4	461.	5,3,4	535.	4
325.	2,5,1,4,3	399.	1	462.	1,5,3	536.	5
326.	5	400.	4	463.	5	537.	5
327.	2	401.	5	464.	2	538.	1
328.	3	402.	1	465.	4	539.	4
329.	3	403.	4	466.	4	540.	2
330.	4	404.	3	467.	2	541.	4
331.	2	405.	4	468.	2	542.	3,1,4,5,2
332.	4	406.	5	469.	1	543.	2
333.	2	407.	3	470.	4		
334.	4	408.	3	471.	3	551.	1,6,5,8,7,3,4,2
335.	3	409.	5	472.	1	552.	3
336.	2	410.	2	473.	8,4,2,7,5	553.	2
337.	2	411.	2	474.	1,4,7,3	554.	3
338.	3	412.	3	475.	2,1,4,3,6	555.	5
339.	4	413.	5	476.	4,1,3,2	556.	1
340.	4	414.	5	477.	5,3,4,2,1,6	557.	4
341.	5	415.	3	478.	2,4,6,7,1,8	558.	3
342.	2	416.	4	479.	3	559.	5
343.	4	417.	2,3,4			560.	3
344.	1	418.	3	485.	4		
345.	4	419.	7,1,4,2	486.	3	579.	4
346.	1	420.	4	487.	2	580.	1
347.	1,2,1,1,2,2	421.	3	488.	4	581.	1
348.	4	422.	3	489.	2	582.	1
349.	3	423.	3,6,1,4	490.	2	583.	2
350.	3	424.	4	491.	2	584.	2
351.	4	425.	4	492.	2,5,4,1,3	585.	1
352.	5	426.	2	493.	2	586.	5,3,4,2,1
353.	2	427.	2	494.	2,3,1,5,4	587.	3,4,5,2
354.	3,4,1,6	428.	1	495.	3	588.	4
355.	5,1,4,2,6,3	429.	3	496.	4	589.	5
356.	3	430.	3	497.	5	590.	5
357.	4	431.	2	498.	3	591.	5
		432.	4	499.	5	592.	3
370.	3	433.	5	500.	4	593.	3
371.	2	434.	5	501.	5	594.	2
372.	1	435.	3	502.	2	595.	5

596.	2	624.	5	649.	2	671.	4
597.	2	625.	5	650.	4	672.	3
598.	3,1,5,7	626.	1	651.	3	673.	2
599.	3	627.	2	652.	5,1,6,2,8,3,4,7	674.	4,1,4,1,1,1,3,2
600.	1	628.	2	653.	4	675.	4
601.	4	629.	3	654.	5	676.	4,3,1,2,6,5
602.	6,5,4,2,8	630.	2	655.	2	677.	5,2,1,4,3,6
603.	1,4,6	631.	5	656.	3	678.	4
604.	5,3,2	632.	2	657.	2	679.	1
		633.	2,1,4,3,5	658.	4	680.	1
614.	2,5,7,1,3,8,4,6	634.	5	659.	5	681.	4
615.	2	635.	7,8,1,3,9,6			682.	2,2,1,2,1,2,2
616.	5	636.	3,8,5,6	663.	5		
617.	4	637.	2,5,1,6	664.	3	684.	5,7,4
618.	1			665.	4	685.	1,4,7,5
619.	4	642.	1	666.	2,2,1,1,2	686.	5,4,1
620.	1	643.	2	667.	2	687.	2,4,6,1,3,5
621.	3	644.	5	668.	A 1,2,4 B 3,5,6	688.	4
622.	2	645.	3	669.	3	689.	1
623.	3,1,4			670.	4,5,1,2,3	690.	4

Lösungen zu den Rechenaufgaben

192. Aufgabe

14,820 kg

---

193. Aufgabe

7 Portionen

---

194. Aufgabe

a) 2,520 kg   b) 1,400 kg   c) 1,320 kg   d) 1,020 kg   e) 4,000 kg   f) 9,000 kg   g) 6,375 kg

---

195. Aufgabe

3,600 kg

---

196. Aufgabe

8,000 kg

---

197. Aufgabe

12,5 %

---

198. Aufgabe

20,800 kg

---

199. Aufgabe

1,677 kg

---

200. Aufgabe

42,3 %

---

201. Aufgabe

11,907 kg

---

202. Aufgabe

a) 7,520 kg,   b) 0,480 kg

---

203. Aufgabe

a) 2,587 kg Knochen   b) 6,653 kg

---

204. Aufgabe

24 %

Hinweise

für die Teilnehmer an der kaufmännischen Abschlussprüfung der
Industrie- und Handelskammer im Sommer 2002

In der Abschlussprüfung im Sommer 2002 kommen - wie bereits für die Zwischenprüfung seit Herbst 2001 - neu gestaltete Aufgabensätze zum Einsatz. Der bisherige „geschuppte" Aufgabensatz für gebundene Prüfungsaufgaben wird durch Aufgabenhefte im A4-Format mit einem davon getrennten Lösungsbogen ersetzt. Dadurch ändert sich auch die Bearbeitungstechnik der Aufgaben gegenüber dem bisherigen Verfahren. Auch die Deckblätter der Aufgabensätze, die Angaben zum Prüfungsfach und Bearbeitungshinweise enthalten, wurden neu gestaltet. Im Folgenden finden Sie wichtige Hinweise zum Bearbeiten der neu gestalteten Aufgabensätze, Beispiele für die in der Abschlussprüfung vorkommenden gebundenen Aufgabentypen sowie ein Muster für den neu gestalteten Lösungsbogen, in den Sie die Lösungen der Aufgabenbeispiele zu Übungszwecken übertragen können.

1. Allgemeine Hinweise zum Umgang mit den Aufgabensätzen

Die kaufmännische Abschlussprüfung erstreckt sich auf mehrere Prüfungsfächer, wobei in Abhängigkeit vom Ausbildungsberuf neben gebundenen auch ungebundene Prüfungsaufgaben eingesetzt werden. Die folgenden **Grundregeln** zum Bearbeiten der Aufgabensätze gelten unabhängig davon, ob die Aufgabensätze aus ungebundenen oder gebundenen Prüfungsaufgaben bestehen. Bitte lesen Sie sich diese Regeln gründlich durch und prägen Sie sich ihren Inhalt genau ein.

1 In der Prüfung erhalten Sie je Prüfungsfach einen Aufgabensatz sowie in der Regel weitere Unterlagen, zum Beispiel Lösungsbogen bei gebundenen Prüfungsaufgaben, Anlagen mit Belegen, Nebenrechnungsformulare etc., die Sie zur Bearbeitung der Prüfungsaufgaben benötigen. Bevor Sie mit der Bearbeitung beginnen, prüfen Sie bitte, ob der Aufgabensatz erstens die auf der ersten Seite (= Deckblatt) vermerkten zusätzlichen **Unterlagen** und zweitens die ebenfalls auf dem Deckblatt angegebene **Aufgabenanzahl** enthält. Wenden Sie sich bei Unstimmigkeiten sofort an die zuständige Aufsicht! Reklamationen nach Schluss der Prüfung können nicht anerkannt werden.

2 Lesen Sie sich bitte die **Bearbeitungshinweise**, die auf dem Deckblatt des Aufgabensatzes stehen, aufmerksam durch!

3 Füllen Sie als Erstes sorgfältig die **Kopfleiste** des Aufgabensatzes bzw. bei gebundenen Aufgaben die des Lösungsbogens aus! Schreiben Sie Ihren **Familien- und Vornamen** in Blockbuchstaben, und ersetzen Sie ä durch ae, ü durch ue und ö durch oe! Außerdem ist die **Prüflingsnummer**, die auf Ihrer Einladung zur Prüfung **oder** auf Ihrer Prüfungsmappe steht, in diese Kopfleiste einzutragen. Beachten Sie in diesem Zusammenhang auch eventuelle Anweisungen der Aufsichten! **Bei fehlender oder falscher Prüflingsnummer ist eine Auswertung nicht möglich.**

4 Bevor Sie eine Aufgabe lösen, sollten Sie den Aufgabentext **äußerst sorgfältig und genau lesen**. Bei **gebundenen Prüfungsaufgaben** kann das Erkennen der richtigen Lösung von einem einzelnen **Wort** abhängen. Halten Sie sich bei der Bearbeitung **ungebundener Prüfungsaufgaben** genau an die **Vorgaben** zur Beantwortung der Fragen. Wenn zum Beispiel vier Angaben gefordert werden und Sie sechs Angaben anführen, werden nur die ersten vier Angaben bewertet.

5 Greifen Sie zweckmäßigerweise **zunächst die Aufgaben heraus, die Ihnen am sichersten lösbar erscheinen**. Die übrigen Aufgaben bearbeiten Sie in der dann noch zur Verfügung stehenden Zeit. Auch hierbei sollten Sie **vermeiden, sich an einzelnen Aufgaben „festzubeißen"**, solange noch andere Aufgaben ungelöst sind. Eventuelle Angaben zur **Bearbeitungszeit** sind als Hinweis zu verstehen. Dieser soll Ihnen helfen, sich die Prüfungszeit, die für das Prüfungsfach insgesamt gilt, richtig einzuteilen.

6 Als Hilfsmittel ist grundsätzlich ein netzunabhängiger, geräuscharmer und **nicht** programmierbarer **Taschenrechner** zugelassen.

7 Die **Benutzung unerlaubter Hilfsmittel** führt zum vorläufigen Ausschluss von der Prüfung.

Hier nochmals die 7 Regeln im Telegrammstil zum Einprägen:

1. Vor dem Arbeitsbeginn den Aufgabensatz auf Vollständigkeit prüfen!

2. Bearbeitungshinweise sorgfältig durchlesen!

3. Kopfleisten vollständig ausfüllen!

4. Aufgaben äußerst genau lesen!

5. Nicht an einzelnen Aufgaben „festbeißen"!

6. Nur netzunabhängige, geräuscharme und nicht programmierbare Taschenrechner verwenden!

7. Benutzung unerlaubter Hilfsmittel führt zum vorläufigen Ausschluss von der Prüfung!

2. Wichtige Hinweise zum Bearbeiten gebundener Prüfungsaufgaben

Zusätzlich zu den genannten Grundregeln setzt die Prüfung mit **gebundenen Aufgaben** die Beachtung der folgenden **Regeln** voraus. Bitte lesen Sie auch diese Regeln gründlich durch und prägen Sie sich ihren Inhalt genau ein!

1. Der Aufgabensatz enthält einen Lösungsbogen mit Durchschrift. Damit Ihre Eintragungen auch auf der Durchschrift des Lösungsbogens gut leserlich sind, dürfen Sie **nur mit Kugelschreiber** und **nicht auf einer weichen Unterlage** schreiben. Sie müssen dabei **kräftig aufdrücken**. Da es sich um einen Durchschreibesatz handelt, **darf kein Konzeptpapier oder Ähnliches zwischen die beiden Lösungsbogen geschoben werden. Kontrollieren** Sie vor dem Abgeben des Lösungsbogens, ob Ihre Eintragungen auf der Durchschrift deutlich erscheinen (auch in der Kopfleiste)!

2. Für jede Aufgabe sind entsprechende Kästchen auf dem Lösungsbogen („Lösungskästchen") rechts neben der Aufgabennummer angeordnet. Die Seitenzahl gibt an, auf welcher Seite im Aufgabensatz sich die jeweilige Aufgabe befindet. In die Lösungskästchen **tragen** Sie Ihre **„Lösungsziffern"**, das sind die Kennziffern der Antworten bzw. die Lösungsbeträge bei bestimmten Rechenaufgaben, **ein**. Ihre **Lösungen** dürfen **nur aus arabischen Ziffern** bestehen bzw. aus ihnen zusammengesetzt sein. Kreuze, Buchstaben, römische Zahlen oder Kommata stellen keine Lösungen dar.

3. Schreiben Sie die **Lösungsziffern** in den Lösungskästchen so deutlich wie möglich, damit sie ohne Missverständnisse erfasst werden können! Bei unleserlicher Eintragung gehen Ihnen Punkte verloren.
   Beispiel: Nicht so: [6] [7]   sondern so: [6] [1]

4. Überlegen Sie gut, bevor Sie eine Lösungsziffer eintragen! Sollten Sie dennoch ein Ergebnis korrigieren wollen, schreiben Sie **die neue Lösungsziffer ausschließlich unter das betreffende Kästchen, niemals daneben oder darüber!** Streichen Sie das falsche Ergebnis deutlich durch!
   Beispiel: Nicht so: [2̷1]   sondern so: [X̷]
                                                              1

5. Die **Anzahl der richtigen Lösungsziffern** erkennen Sie an der Zahl der vorgedruckten Lösungskästchen. Dies gilt jedoch nicht für Kontierungsaufgaben in der Buchführung. Bei **Kontierungsaufgaben** darf in einem Buchungssatz ein Konto nur einmal angerufen werden, beim Bankkaufmann nur einmal auf einer Kontenseite.

6. Einige Prüfungsaufgaben sind in **„Offen-Antwort-Form"** gestellt. Es werden Ihnen also keine Lösungen zur Auswahl vorgegeben, sondern die von Ihnen gefundenen Lösungen sind unmittelbar in die hierfür vorgesehenen Lösungskästchen im Lösungsbogen einzutragen. Beachten Sie, dass bei **Ergebnissen mit Dezimalstellen** - sofern keine berufsspezifischen Rundungsregeln anzuwenden oder keine Rundungshinweise angegeben sind - **so genau wie möglich zu rechnen ist, bei Zwischenergebnissen alle Nachkommastellen im Taschenrechner bleiben sollten und das Endergebnis auf die vorgegebene Dezimalstellenzahl kaufmännisch zu runden ist** (unter 5 abrunden, ab 5 aufrunden).

   Beispiel: 16,514 EUR = 16,51 EUR   16,515 EUR = 16,52 EUR

7. Bei **Kontierungsaufgaben** buchen Sie nach den Belegen bzw. nach den angegebenen Geschäftsfällen, indem Sie je nach Anweisung in der Aufgabenstellung entweder die Kennziffern der richtigen Konten oder die Kontonummern **nach Soll- und Habenseite getrennt** in die Lösungskästchen eintragen. Die Reihenfolge der Kennziffern bzw. der Kontonummern auf der Soll- und Habenseite ist beliebig.

Lösungsbogen
Musteraufgaben

IHK-Abschlussprüfung
Sommer 2002

Diese Kopfleiste bitte unbedingt ausfüllen!

	Fach	Berufsnummer	Prüflingsnummer
	0 0	**0 0 0 0**	

Familienname, Vorname (bitte durch eine Leerspalte trennen, ä = ae etc.)   Sp. 1 - 2   Sp. 3 - 6   Sp. 7 - 14

Beachten Sie bitte zum Ausfüllen dieses Lösungsbogens die Hinweise auf dem Deckblatt Ihres Aufgabensatzes!

Aufgabe Nr.	❶ ❷		Sp. 15-18
Seite 3			

Aufgabe Nr.	❸ ❹ ❺	Sp. 19-32
Seite 4		

Aufgabe Nr.	❻ ❼ EUR , cts. ❽ EUR , cts. ❾ EUR , cts. ❿ EUR , cts.	Sp. 33-56
Seite 5		

Aufgabe Nr.	⓫ Soll Haben ⓬ Soll Kontonummern Haben	PZ Prüfungszeit	Sp. 57-65
Seite 6			

Zum Ausfüllen bitte Lösungsbogen abtrennen!

Lösungsbogen
Musterlösung

IHK-Abschlussprüfung
Sommer 2002

Diese Kopfleiste bitte unbedingt ausfüllen!

Fach | Berufsnummer | Prüfungsnummer

`N U E R N B E R G E R   S A B I N E` | `0 0` – `0 0 0 0` – `1 5 8` – `1 2 3 4 5`

Familienname, Vorname (bitte durch eine Leerspalte trennen, ä = ae etc.) | Sp. 1 - 2 | Sp. 3 - 6 | Sp. 7 - 14

Beachten Sie bitte zum Ausfüllen dieses Lösungsbogens die Hinweise auf dem Deckblatt Ihres Aufgabensatzes!

Aufgabe Nr.
Seite 3

❶ `2` ❷ `2` `6` `7` — Sp. 15-18

Aufgabe Nr.
Seite 4

❸ `7` `3` `6` ❹ `3` `1` `2` `4` ❺ `2` `3` `2` `1` `3` `5` `4` — Sp. 19-32

Aufgabe Nr.
Seite 5

❻ `2` `4` `3` `5` `1` ❼ `1` `4` `8` `0` ❽ `1` `2` `0` `0` `0` ❾ `1` `1` `4` `0` `0` ❿ `1` `1` `0` `5` `8`

EUR , cts. | EUR , cts. | EUR , cts. | EUR , cts. — Sp. 33-56

Aufgabe Nr.
Seite 6

Soll Haben | Soll Kontonummern Haben | Prüfungszeit

⑪ `1` `3` | ⑫ `2` `6` `5` `2` `8` `8` | P24 `2` — Sp. 57-65

3.4 Reihenfolgeaufgabe

Hier müssen Elemente, die durcheinander gewürfelt worden sind, wieder in die richtige Reihenfolge gebracht werden. Suchen Sie das erste Element heraus und tragen Sie die Ziffer „1" in das Kästchen daneben ein; suchen Sie dann das zweite Element heraus und tragen Sie die Ziffer „2" ein; fahren Sie in dieser Weise bis zum letzten Element fort! Um Flüchtigkeitsfehler beim Eintragen der Kennziffern in den Lösungsbogen zu vermeiden, empfehlen wir Ihnen auch hier, die Kennziffern der richtigen Antworten zunächst im Aufgabensatz in die hierfür vorgesehenen Kästchen einzutragen und erst dann die Kennziffern in den Lösungsbogen zu übertragen, wobei die erste Lösungsziffer im Aufgabensatz als Erstes ganz links in das entsprechende Kästchen auf dem Lösungsbogen eingetragen wird, die zweite eine Stelle weiter rechts usw.

BEISPIEL:

---

6. Aufgabe

Bringen Sie die folgenden Vorgänge bei der Abwicklung eines Verkaufes in die richtige Reihenfolge, indem Sie die Ziffern 1 bis 5 in die Kästchen neben den Vorgängen eintragen! Übertragen Sie anschließend Ihre senkrecht angeordneten Lösungsziffern in dieser Reihenfolge von links nach rechts in den Lösungsbogen!

Angebot an den Kunden

Auftragsbestätigung an den Kunden

Bestellung durch den Kunden

Lieferung der bestellten Ware mit Rechnung

Anfrage des Kunden

3.5 Rechenaufgabe

Hier können **neben** Mehrfachwahlaufgaben mit vorgegebenen Ergebnissen die beiden folgenden Aufgabentypen vorkommen. Tragen Sie bitte die richtige **Kennziffer** bzw. das **Rechenergebnis** in die entsprechenden Lösungskästchen auf dem Lösungsbogen ein.

(1) Offen-Antwort-Aufgabe/Einzelaufgabe

BEISPIEL:

---

7. Aufgabe

Der Endbetrag einer Rechnung ist einschließlich 16 % Umsatzsteuer 107,30 EUR.
Wie viel EUR beträgt die in dem Rechnungsbetrag enthaltene Umsatzsteuer?

---

(2) Offen-Antwort-Aufgabe/Zusammenhängende Aufgaben

Neben Einzelaufgaben können auch solche vorkommen, bei denen eine komplexe Aufgabe in mehrere Rechenschritte zerlegt wurde. In solchen Fällen wird jede dieser Teilaufgaben für sich wie eine Einzelaufgabe gewertet. Verwenden Sie bei jeder Teilaufgabe die jeweils in die Lösungskästchen auf dem Lösungsbogen eingetragenen Vorergebnisse. Ein „Verrechnen" bei einer Teilaufgabe führt nur zum Verlust des Punktwertes für diese Aufgabe. Die nachfolgenden „falschen" Lösungen werden dann als richtig gewertet, wenn sie mit dem zwar falschen Ergebnis einer vorausgehenden Teilaufgabe, aber mit dem **richtigen Ansatz (Rechenweg)** errechnet wurden. Im Auswertungsprogramm sind dazu die entsprechenden Algorithmen hinterlegt.

BEISPIEL:

---

8. bis 10. Aufgabe

Der Listenpreis für einen Artikel beträgt 7,50 EUR. Der Lieferer gewährt 5 % Rabatt und 3 % Skonto.
Sie bestellen 16 Stück dieses Artikels.

8. Aufgabe

Wie viel EUR beträgt der Listenpreis für die bestellte Menge?

9. Aufgabe

Wie viel EUR errechnen Sie als Zieleinkaufspreis bei dieser Bestellmenge?

10. Aufgabe

Wie viel EUR beträgt der Bareinkaufspreis für diese Bestellmenge?

3.3 Zuordnungsaufgabe

Hier sind inhaltlich zusammengehörende Begriffe, Fakten, Vorgänge oder Regeln einander zuzuordnen. Dabei kann die Anzahl der links stehenden **Zuordnungselemente** größer (Beispiel A), gleich (Beispiel B) oder kleiner (Beispiel C) als die Anzahl der rechts stehenden **Zielelemente** sein. Um Flüchtigkeitsfehler beim Eintragen der Kennziffern in den Lösungsbogen zu vermeiden, empfehlen wir Ihnen, die Kennziffern der richtigen Antworten zunächst im Aufgabensatz in die hierfür vorgesehenen Kästchen einzutragen und erst dann die Kennziffern von links nach rechts in den Lösungsbogen zu übertragen. Achten Sie darauf, dass im Lösungsbogen die **gleiche Reihenfolge** wie im Aufgabensatz eingehalten wird. Die erste Lösungsziffer auf dem Aufgabensatz wird also als Erstes ganz links in das entsprechende Kästchen auf dem Lösungsbogen eingetragen, die zweite eine Stelle weiter rechts usw.

BEISPIEL A:

---

3. Aufgabe

Ordnen Sie zu, indem Sie die Kennziffern von **3** der insgesamt 7 Städte in die Kästchen neben den Bundesländern eintragen! Übertragen Sie anschließend Ihre senkrecht angeordneten Lösungsziffern in dieser Reihenfolge von links nach rechts in den Lösungsbogen!

Städte	Bundesländer
1. Braunschweig	Thüringen
2. Bremen	
3. Wiesbaden	Hessen
4. Hamburg	
5. Magdeburg	Rheinland-Pfalz
6. Mainz	
7. Erfurt	

BEISPIEL B:

---

4. Aufgabe

Ordnen Sie zu, indem Sie die Kennziffern der **4** Städte in die Kästchen neben den 4 Bundesländern eintragen! Übertragen Sie anschließend Ihre senkrecht angeordneten Lösungsziffern in dieser Reihenfolge von links nach rechts in den Lösungsbogen!

Städte	Bundesländer
1. Wiesbaden	Thüringen
2. Mainz	
3. Erfurt	Hessen
4. Potsdam	
	Rheinland-Pfalz
	Brandenburg

BEISPIEL C:

---

5. Aufgabe

Ordnen Sie zu, indem Sie die Kennziffern der **5** Bundesländer in die Kästchen neben den Städten eintragen! Übertragen Sie anschließend Ihre senkrecht angeordneten Lösungsziffern in dieser Reihenfolge von links nach rechts in den Lösungsbogen!

Bundesländer	Städte
1. Thüringen	Wiesbaden
2. Hessen	
3. Rheinland-Pfalz	Mainz
4. Nordrhein-Westfalen	
5. Bayern	Fulda
	Erfurt
	Ludwigshafen
	Nürnberg
	Dortmund

|8| Bei Zuordnungs- und Reihenfolgeaufgaben ist die **Reihenfolge der Lösungsziffern** wichtig. Um Flüchtigkeitsfehler beim Eintragen auf dem Lösungsbogen zu vermeiden, **empfehlen wir Ihnen**, die Kennziffern der richtigen Antworten zunächst auf dem Aufgabensatz in die hierfür vorgesehenen Kästchen zu notieren und erst dann die Kennziffern **in der Reihenfolge wie im Aufgabensatz** von links nach rechts in den Lösungsbogen zu übertragen. Entsprechendes gilt für **Kontierungsaufgaben**.

Hier nochmals die 8 Regeln im Telegrammstil zum Einprägen:

|1| Nur Kugelschreiber verwenden, auf harter Unterlage kräftig aufdrücken, die Durchschrift kontrollieren, Lösungsbogen nicht als Schreibunterlage verwenden!

|2| Lösungsziffern (= Kennziffern) bzw. Lösungsbeträge in die jeweiligen Kästchen auf dem Lösungsbogen eintragen! Als Lösungsziffern nur arabische Ziffern verwenden!

|3| Lösungsziffern deutlich schreiben!

|4| „Falsche" Lösungsziffern deutlich durchstreichen, neue Lösungsziffern ausschließlich darunter schreiben!

|5| So viel richtige Lösungsziffern wie Kästchen (gilt nicht für Kontierungsaufgaben und unter Umständen nicht für zusammenhängende Rechenaufgaben)!

|6| Bei „Offen-Antwort-Aufgaben" Lösungen direkt in die Lösungskästchen eintragen! Rundungsregeln bei Rechenaufgaben beachten!

|7| Bei Kontierungsaufgaben Kennziffern oder Kontonummern für die richtigen Konten nach Soll- und Habenseite getrennt auf dem Lösungsbogen vermerken!

|8| Bei Zuordnungs- und Reihenfolgeaufgaben auf die korrekte Reihenfolge der Kennziffern in den Lösungskästchen achten!

---

3. Beispiele zu gebundenen Prüfungsaufgaben

Im Folgenden finden Sie besonders einfache Beispiele zu den einzelnen Aufgabentypen. Die dazugehörenden Lösungen finden Sie auf dem beiliegenden Lösungsbogen.

3.1 Mehrfachwahlaufgabe

Hier werden mehrere Antworten vorgegeben, von denen **eine** richtig ist; die Kennziffer der richtigen Antwort ist in **das** für die Aufgabe vorgesehene **Lösungskästchen** auf dem Lösungsbogen einzutragen.

BEISPIEL:

---

1. Aufgabe

Welche Angabe ist im Handelsregister eingetragen?

1. Der Name des stillen Gesellschafters
2. Der Sitz des Unternehmens
3. Der Name des Handlungsbevollmächtigten
4. Der Familienstand des Geschäftsinhabers
5. Der Betrag der Grundschuld auf dem Geschäftsgebäude

3.2 Mehrfachantwortaufgabe

Hier werden mehrere Antworten vorgegeben, von denen **mehrere** richtig sind. Die Kennziffern der richtigen Antworten sind in **die** entsprechenden **Lösungskästchen** auf dem Lösungsbogen einzutragen. Die Anzahl der richtigen Antworten ist in der Aufgabe angegeben. **Für die Richtigkeit der Lösung spielt die Reihenfolge der Lösungsziffern keine Rolle.**

BEISPIEL:

---

2. Aufgabe

Sie wollen sich über die Scholz & Co OHG informieren.
Welche **3** Angaben sind im Handelsregister eingetragen?

1. Die Anzahl der beschäftigten Mitarbeiter
2. Die Namen und Vornamen der Gesellschafter
3. Die Namen der/des Handlungsbevollmächtigten
4. Die Höhe der Kapitaleinlagen der Gesellschafter
5. Der Betrag des Gesellschaftsvermögens
6. Der Zeitpunkt des Beginns der Gesellschaft
7. Der Ort der geschäftlichen Niederlassung

Sollten Sie bei einer Teilaufgabe nicht wissen, wie man sie löst, beherrschen Sie aber die folgenden Teilaufgaben, dann setzen Sie in die Kästchen der von Ihnen nicht gelösten Teilaufgabe die kleinstmögliche Zahl ein, die im Rahmen der vorgegebenen Kästchen möglich ist.
Beispiel:

Tragen Sie in die Kästchen der 9. Aufgabe des obigen Beispiels also 100,00 ein, und rechnen Sie mit dieser Zahl weiter. Das „falsche" Ergebnis 97,00 EUR der 10. Aufgabe wird dann als richtig gewertet. In diesem Fall stimmt unter Umständen bei der Folgeaufgabe die Anzahl der Lösungsziffern nicht mit der Zahl der vorgedruckten Lösungskästchen überein. Tragen Sie das Ergebnis in jedem Fall vollständig rechtsbündig in den Lösungsbogen ein, und beachten Sie die vorgegebenen Stellen nach dem Komma!

3.6 Buchführungsaufgabe

In bestimmten Berufen sind auch Buchführungsaufgaben zu lösen. Dies kann auf zwei Wegen geschehen:
(1) Für einen Beleg, einen Geschäftsfall bzw. ein Problem ist aus mindestens 5 vorgegebenen Buchungssätzen bzw. Antworten die richtige Antwort auszuwählen (Mehrfachwahlaufgabe).
(2) Bei den so genannten **Kontierungsaufgaben** ist zu Belegen bzw. Geschäftsfällen der richtige Buchungssatz je nach Anweisung in der Aufgabenstellung entweder durch das Eintragen der Kennziffern für die anzurufenden Konten oder der Kontonummern zu bilden. Um Flüchtigkeitsfehler zu vermeiden, empfehlen wir Ihnen, zunächst die Kennziffern oder Kontonummern der anzurufenden Konten getrennt nach „Soll" und „Haben" in die hierfür vorgesehenen Kästchen im Aufgabensatz einzutragen und erst danach die Kennziffern oder Kontonummern in die entsprechenden Kästchen auf dem Lösungsbogen. Falls auf der Soll- und/oder Habenseite mehrere Kennziffern oder Kontonummern einzutragen sind, spielt dabei die Reihenfolge auf der Soll- oder Habenseite keine Rolle.

BEISPIEL, bei dem die **Kennziffern der Konten** einzutragen sind:

> ### 11. Aufgabe
> Buchen Sie den Gehaltsvorschuss, den eine Verkäuferin Ihres Einzelhandelunternehmens bar erhält!
>
> **1.** Forderungen an Mitarbeiter (265)
> **2.** Kreditinstitute (280)
> **3.** Kasse (288)
> **4.** Verbindlichkeiten gegenüber Mitarbeitern (485)
> **5.** Gehälter (630)
> **6.** Sonstige Gehaltsaufwendungen (631)
>
> Soll   Haben

BEISPIEL, bei dem die **Kontonummern** einzutragen sind:

> ### 12. Aufgabe
> Buchen Sie den Gehaltsvorschuss, den eine Verkäuferin Ihres Einzelhandelunternehmens bar erhält!
> **Auszug aus dem Kontenplan:**
>
> 265 Forderungen an Mitarbeiter
> 280 Kreditinstitute
> 288 Kasse
> 485 Verbindlichkeiten gegenüber Mitarbeitern
> 630 Gehälter
> 631 Sonstige Gehaltsaufwendungen
>
> Soll   Kontonummern   Haben

4. Zeitstatistik

Nach der letzten Aufgabe wird in jedem Aufgabensatz die Frage gestellt, wie Sie die zur Verfügung stehende Prüfungszeit beurteilen. Die Beantwortung ist freiwillig.

BEISPIEL:

> ### PRÜFUNGSZEIT - NICHT BESTANDTEIL DER PRÜFUNG!
> Wie beurteilen Sie nach der Bearbeitung der Aufgaben die zur Verfügung stehende Prüfungszeit?
>
> **1.** Sie hätte kürzer sein können.
> **2.** Sie war angemessen.
> **3.** Sie hätte länger sein müssen.

205. Aufgabe
a) 0,938 kg   b) 22 %

---

206. Aufgabe
4,667 kg

---

207. Aufgabe
10,666 kg ≈ 10,666 kg

---

208. Aufgabe
19,076 kg

---

209. Aufgabe
23,3 %

---

210. Aufgabe
6,000 kg

---

211. Aufgabe
360 g

---

212. Aufgabe
a) 3,772 kg,   b) 3,116 kg,   c) 2,624 kg,   d) 4,182 kg

---

213. Aufgabe
9,231 kg

---

214. Aufgabe
12 %

---

215. Aufgabe
a) 2,880 kg,   b) 10 %

---

216. Aufgabe
45 Portionen

---

217. Aufgabe
15 %

---

218. Aufgabe
1,000 kg

---

219. Aufgabe

6,500 kg

---

220. Aufgabe

6,754 kg

---

221. Aufgabe

1,981 kg

---

222. Aufgabe

1,747 kg

---

223. Aufgabe

a) 9,6 Portionen = 9 ganze Portionen   b) 2,70 EUR

---

224. Aufgabe

a) 52,42 EUR   b) 3,494 kg   c) 19,41 Portionen ≈ 19 Portionen   d) 2,76 EUR

---

225. Aufgabe

2,80 EUR

---

226. Aufgabe

1,39 EUR

---

227. Aufgabe

a) 21,96 EUR   b) 11,24 Portionen = 11 ganze Portionen   c) 1,95 EUR   d) 33,2 %

---

297. Aufgabe

8,8 l

---

298. Aufgabe

97 Gläser

---

299. Aufgabe

21,3 l

---

300. Aufgabe

520,83 l ≈ 5 hl und 20,8 l

---

301. Aufgabe

a) 161 Gläser, 155 Gläser   b) 11,6 Gläser ≈ 11 volle Gläser

---

302. Aufgabe

17 Gläser

303. Aufgabe

296,1 Gläser ≈ 296 Gläser

304. Aufgabe

8,33 l

305. Aufgabe

511,48 Karaffen ≈ 511 Karaffen

306. Aufgabe

93,089 l ≈ 93,09 l

307. Aufgabe

833 Flaschen

308. Aufgabe

3,93 % ≈ 3,9 %

309. Aufgabe

a) 50 Gläser, 35 Gläser   b) 4 Gläser, 3 Gläser   c) 8,0 %/8,6 %

310. Aufgabe

4 %

311. Aufgabe

a) 4,571 kg   b) 0,63 EUR

312. Aufgabe

a) 264,5 l   b) 1.247 EUR   c) 4,7145 EUR ≈ 4,72 EUR

313. Aufgabe

1,74 EUR

314. Aufgabe

a) 158,666 ≈ 158 Gläser   b) 2,4 l   c) 0,4726 ≈ 0,47 EUR

315. Aufgabe

5,60 EUR

316. Aufgabe

24 Flaschen

---

358. Aufgabe

Der Endbestand beträgt 78,000 kg.

---

359. Aufgabe

Der Bestand am Ende des Monats beträgt 206 Flaschen.

---

360. Aufgabe

$78,000 \, \text{kg} + 300,000 \, \text{kg} = 378,000 \, \text{kg}$
$378,000 \, \text{kg} - 171,300 \, \text{kg} = 206,700 \, \text{kg}.$

---

361. Aufgabe

$5,425 \, \text{kg} - 3,925 \, \text{kg} = 1,500 \, \text{kg} = 1500 \, \text{g}$

---

362. Aufgabe

3 Steigen $\times$ 2 + 6 = 12 Steigen

---

363. Aufgabe

Mindestbestand $= 30 \, \text{Äpfel} \times 4 \qquad = 120 \, \text{Äpfel}$
Meldebestand $\quad = 30 \, \text{Äpfel} \times 4 + 120 = 240 \, \text{Äpfel}$

---

364. Aufgabe

$8 \times 5 + 16 = 56$ Flaschen

---

365. Aufgabe

a) Nach 24 Tagen muss eine Neubestellung erfolgen.
b) Die maximal zu bestellende Menge an Dosen liegt bei 140 Stück.

---

366. Aufgabe

Der Räucherverlust beträgt 11,5 %.

---

367. Aufgabe

Der Schinken wog vor dem Räuchern 24,000 kg.

---

368. Aufgabe

5 1/2 Ztr. $= 275,000 \, \text{kg}$
$275,000 \, \text{kg} - 100 \, \%$
$242,00 \, \text{kg} - \quad x \, \% = 88 \, \% \qquad 100 \, \% - 88 \, \% = 12 \, \%$
12 % Äpfel waren verdorben.

Lösungen zu den Rechenaufgaben

369. Aufgabe

a) Lagerverlust = 0,180 kg, 5,63 %

b) 3,020 kg – 42,00 EUR
   1,000 kg –   x EUR = 13,91 EUR

480. Aufgabe

a) 2,099 kg   b) 1,784 kg   c) 13,72 = 13 ganze Portionen

481. Aufgabe

13,300 kg geschnittene Kartoffeln
17,500 kg geschälte Kartoffeln
21,875 kg ungeschälte Kartoffeln

482. Aufgabe

11,700 kg geschälte Kartoffeln
 9,360 kg geschnittene Kartoffeln
78 Portionen

483. Aufgabe

5,000 kg

484. Aufgabe

22 % Knochen,   6,2 % Parüren

517. Aufgabe

23,040 kg

518. Aufgabe

3,098 ≈ 3,10 EUR

519. Aufgabe

a) 20,769 kg,   b) 3,46 EUR

520. Aufgabe

7,320 kg

521. Aufgabe

3,920 kg

522. Aufgabe

12,500 kg

523. Aufgabe

a) 20,73 %,   b) 4,250 kg,   c) 13,325 kg

524. Aufgabe

a) 650 g,   b) 45 g Eiweiß,   c) 2775 kJ

544. Aufgabe

a) 118,905 g KH-Anteil, 26,74 g Eiweißanteil, 47,93 g Fettanteil,   b) 4345 kJ

545. Aufgabe

45,000 kg

546. Aufgabe

15,60 EUR

547. Aufgabe

0,42 EUR

548. Aufgabe

12,60 EUR

549. Aufgabe

3,69 EUR

550. Aufgabe

100 % − 3,47 EUR	116 % − 11,50 EUR	7,63 EUR = 100 %
220 % − x = 7,63 EUR	100 % − x = 9,91 EUR	8,85 = x 115,99
	112 % − 9,91 EUR	= 15,99 %
	100 % − x = 8,85 EUR	

561. Aufgabe

6,028 kg

562. Aufgabe

a) 32,53 EUR,   b) 25 Portionen

563. Aufgabe

Beginn 13:30 Uhr

564. Aufgabe

a) 3.265,31 EUR,   b) 20,41 EUR

565. Aufgabe

a) 44,02 EUR,   b) 260,5 %

---

566. Aufgabe

für 243 Personen

---

567. Aufgabe

12,600 kg

---

568. Aufgabe

12 Stunden

---

569. Aufgabe

a) Materialkosten für 64 Personen 194,58 EUR,
b) Inklusivpreis für 64 Personen 737,78 EUR,
c) Inklusivpreis für eine Person 11,53 EUR.

---

570. Aufgabe

20 Portionen – 2 l
 8 Portionen – x l = 0,8 l Fleischbrühe
– 1,2 l Spargelwasser, 400 g Spargelabschnitte, 200 g Sahne, 2,4 Eigelb, 48 g Butter, 60 g Mehl, 80 g Weißbrot.

---

571. Aufgabe

 8 Portionen – 1,5 l
25 Portionen –   x l = 4,69 l Fleischbrühe
– 625 g Kartoffeln, 625 g Zucchini, 562,5 g Tomaten, 468,75 g Sellerie, 312 g Porree, 250 g weiße Bohnen, 156,25 g Zwiebeln, 156,25 g Parmesankäse, 128,13 ml Öl, 3,125 Knoblauchzehen

---

572. Aufgabe

10 Portionen – 1650 g
65 Portionen –   x g = 10 725 g Rindfleisch
– 910 g Fett, 5 200 g Zwiebeln, 260 g Tomatenmark

---

573. Aufgabe

1850 g × 8,5 = 15 725 g Kartoffeln
– 255 g Sellerie, 425 g Karotten, 850 g Lauch, 6,375 l Brühe

---

574. Aufgabe

 8 Portionen – 2,000 kg
30 Portionen –   x kg = 7,500 kg Lammkeule
– 1500 g Zucchini, 750 g Zwiebeln, 750 ml Rotwein, 187,5 g Mandeln, 75 g Öl, 3,75 Eigelb, 3,75 Zitrone, 15 Knoblauchzehen, 3,75 Teel. Pfefferkörner, 37,5 g Petersilie, 375 g Parmesankäse.

---

575. Aufgabe

a) Schlüsselzahl = 16 000 g : 3215 g = 4,98
b) 9,960 kg Fleisch, 1,693 Ananas, 0,996 kg Äpfel, 1,245 kg Clementinen, 0,498 kg Kirschen, 0,996 kg Mayonnaise, 0,623 kg Sahne

---

576. Aufgabe

a) Schlüsselzahl = 11 000 g : 1050 g = 10,48

b) 4,192 kg Orangen, 3,144 kg Bananen, 2,096 kg Äpfel, 0,629 kg Kiwi, 0,524 kg Trauben, 0,210 kg Honig, 0,210 kg Walnüsse

---

577. Aufgabe

a) Schlüsselzahl = 16 000 g : 1020 = 15,69

b) 6,276 kg Tomaten, 4,707 kg Gurken, 2,354 kg Schafskäse, 1,883 kg Zwiebeln, 16 Stück Kopfsalat, 0,314 kg Peperoni, 0,471 kg Oliven, 157 Stück Kapern

---

578. Aufgabe

Schlüsselzahl = 21 600 g : 750 g = 28,8

---

605. Aufgabe

600 g Zucker, 1200 g Butter, 1800 g Mehl

---

606. Aufgabe

1 Pfirsich wiegt 120 g.

---

607. Aufgabe

a)   0,55 EUR Milch
     0,17 EUR Zucker
     1,40 EUR Vanillestange
     1,20 EUR Eier
  $\approx$ 0,24 EUR Zucker
     3,56 EUR : 10 = 0,356 EUR Materialkosten (1 Portion)

b) 100 % – 0,356 EUR
  310 % –   x EUR = 1,1036 EUR
  Inklusivpreis einer Portion = 1,10 EUR

---

608. Aufgabe

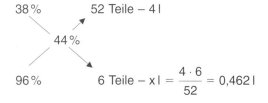

$$6 \text{ Teile} - x \, \text{l} = \frac{4 \cdot 6}{52} = 0,462 \, \text{l}$$

---

609. Aufgabe

Schlüsselzahl 1,79

---

610. Aufgabe

126 Portionen, 252,00 EUR

---

611. Aufgabe

3,750 kg

Lösungen zu den Rechenaufgaben   © Verlag Gehlen

612. Aufgabe

121,5 g Fett

---

613. Aufgabe

5,250 kg Äpfel, 1,750 kg Mehl, 0,875 l Bier, 105 g Öl, 3,5 Eigelb, 14 Eiklar, 525 g Backfett, 7 d Weinbrand, 280 g Zimtzucker

---

638. Aufgabe

```
13,20    EUR
 0,105   EUR
 0,625   EUR
 1,20    EUR
 0,60    EUR
 0,75    EUR
 0,1125  EUR
 1,80    EUR
 0,76    EUR
 0,63    EUR
 1,50    EUR
```
21,2825 EUR   Materialkosten = 1 Portion 2,13 EUR

100 % =   2,13 EUR
320 % =   x = 6,816 EUR

100 % = 6,816 EUR
124 % =   x = 8,45 EUR

100 % = 8,45 EUR
115 % =   x = 9,72 EUR

100 % = 9,72 EUR
116 % =   x = **11,27 EUR = Inklusivpreis für 1 Portion**

---

639. Aufgabe

116 % = 13,80 EUR
100 % =   x = 11,90 EUR

115 % = 11,90 EUR
100 % =   x = 10,35 EUR

122 % = 10,35 EUR
100 % =   x = 8,48 EUR

250 % = 8,48 EUR
100 % =   x = **3,39 EUR = Materialkosten**

---

640. Aufgabe

a) 10,88 EUR Forelle
    1,92 EUR Kartoffeln
    1,36 EUR Butter
    1,20 EUR Salat
    2,80 EUR Zitrone, Petersilie, Gewürze

    18,16 EUR : 8 = 2,27 EUR Materialpreis für 1 Portion

b) 100 % = 2,27 EUR
    330 % =   x = **7,49 EUR Inklusivpreis**

---

641. Aufgabe

265 % = 9,75 EUR
100 % =   x = **3,68 EUR Materialkosten**

---

646. Aufgabe

a) 120 × 58,00 EUR = 6.960,00 EUR/Rechnungsbetrag

b) 116 % = 6.960,00 EUR
   16 % =   x EUR = 960,00 EUR MWSt.

c) 320 % = 6.960,00 EUR
   100 % =   x EUR = 2.175,00 EUR
   100 % = 2.175,00 EUR
   65 % =   x EUR = 1.413,75 EUR Materialkosten insgesamt

d) 1.413,75 EUR : 120 ≈ 11,78 EUR Materialkosten für 1 Person

---

647. Aufgabe

a) 116 % = 22,40 EUR
   100 % =   x EUR = 19,31 EUR
   115 % = 19,31 EUR
   100 % =   x EUR = 16,79 EUR
   115 % = 16,76 EUR
   100 % =   x EUR = 14,60 EUR
   116 % = 14,60 EUR
   100 % =   x EUR = **5,21 EUR**

b) 107 % = 16,79 EUR
   100 % =   x EUR = 15,69 EUR
   280 % = 15,69 EUR
   100 % =   x EUR = **5,60 EUR**

---

648. Aufgabe

a) Kostenvoranschlag 2.610,00 EUR
b) Es sind 1.044,00 EUR zu zahlen.
c) Es sind 1.566,00 EUR zu zahlen.

---

660. Aufgabe

a) 100 % – 3,200 kg   2240 g : 180 g = 12,44 Portionen
   70 % –   x kg = 2,240 kg

b) 28 Portionen × 135 g = 3780 g geputzten Rotkohl
   81,5 % – 3780 g
   100 % –   x g = 4638 g ungeputzten Rotkohl

c) 220 % – 18,00 EUR
   100 % –   x EUR = 8,18 EUR

---

661. Aufgabe

a) 67,5 % – 300 g   444 g × 18 Personen = 7992 g = 7,992 kg
   100 % –   x g = 444 g

b) 1000 g – 8,50 EUR
   444 g –   x EUR = 3,77 EUR Materialkosten für 1 Portion.

c) 100 % – 3,77 EUR
   260 % –   x EUR = 9,80 EUR
   100 % – 9,80 EUR
   120 % –   x EUR = 11,76 EUR
   100 % – 11,76 EUR
   117,5 % –   x EUR = 13,82 EUR
   100 % – 13,82 EUR
   116 % –   x EUR = 16,03 EUR

---

662. Aufgabe

a) 1 × 3,70 EUR =   3,70 EUR
   4 × 4,50 EUR = 18,00 EUR
   2 × 3,50 EUR =   7,00 EUR
                  28,70 EUR

b) 4 × 7,50 EUR = 30,00 EUR   100 % − 112,40 EUR
   3 × 7,80 EUR = 23,40 EUR   97,5 % −   x EUR = 109,59 EUR
   1 × 8,00 EUR =   8,00 EUR
   6 × 8,50 EUR = 51,00 EUR
              112,40 EUR

c) 2 × 6,00 EUR = 12,00 EUR   10 × 1,50 EUR Rabatt = 15,00 EUR
   4 × 5,50 EUR = 22,00 EUR   53,40 EUR − 15,00 EUR = 38,40 EUR
   2 × 4,20 EUR =   8,40 EUR   10 % Rabatt für Kliniken:
   2 × 5,50 EUR = 11,00 EUR   100 % − 38,40 EUR
 10   53,40 EUR   90 % −   x EUR = 34,56 EUR

d) 5,50 EUR − 1,50 EUR = 4,00 EUR
   4,00 EUR + 2,50 EUR Anfahrtskosten = 6,50 EUR

e) 7 × 5,50 EUR = 38,50 EUR
   8 × 5,00 EUR = 40,00 EUR + 1 Pizza gratis
   4 × 5,50 EUR = 22,00 EUR
   6 × 7,50 EUR = 45,00 EUR
               145,50 EUR

---

683. Aufgabe

Speisenfolge

1. I. Vorspeise: Tomaten = 0,27 EUR, Staudensellerie = 0,08 EUR, Käse = 3,68 EUR, Kapern = 1,04 EUR, Olivenöl = 0,26 EUR, Baguette = 1,65 EUR, Salz, Pfeffer = 0,10 EUR.

a) Materialkosten für 10 Personen = **7,08 EUR**
b) Materialkosten für 1 Peson   = **0,71 EUR**

II. Zwischengang: Butter = 0,76 EUR, 1 Ei = 0,14 EUR, 4 Eigelbe = 0,56 EUR, Weißbrotkrume = 0,14 EUR, Salz, Muskat = 0,06 EUR, Gemüsebrühe = 0,38 EUR, Kopfsalatherzen = 1,25 EUR, Kerbel = 1,50 EUR.

a) Materialkosten für 10 Personen = **4,89 EUR**
b) Materialkosten für 1 Peson   = **0,48 EUR**

III. Hauptgang: Putenbrustfilet = 12,00 EUR, Frischkäse = 1,78 EUR, Bergkäse = 0,99 EUR, Eigelb = 0,14 EUR, Butterschmalz = 0,75 EUR, Schnittlauch = 0,50 EUR, Petersilie = 0,50 EUR, Thymianzweige = 0,30 EUR, Mehl, Paniermehl, Ei = 0,50 EUR, Bohnen = 2,80 EUR, Zwiebeln = 0,06 EUR, Butter = 0,19 EUR, Hühnerbrühe = 0,06 EUR, Cocktailtomaten = 1,40 EUR, Rauke = 0,60 EUR, Salz, Pfeffer = 0,05 EUR.

a) Materialkosten für 10 Personen = **22,62 EUR**
b) Materialkosten für 1 Peson   = **2,26 EUR**

IV. Nachspeise: Magerquark = 0,53 EUR, Toastbrot = 0,30 EUR, Puderzucker = 0,26 EUR, Butter = 0,38 EUR, Eier = 0,28 EUR, Eigelbe = 0,28 EUR, Himbeeren = 2,10 EUR, Butter = 0,38 EUR, Zucker = 0,04 EUR, Koriander = 0,15 EUR.

a) Materialkosten für 10 Personen = **4,70 EUR**
b) Materialkosten für 1 Peson   = **0,47 EUR**

2. Vorspeise   = 0,71 EUR   100 % − 3,92 EUR
   Zwischengang = 0,48 EUR   225 % −   x EUR = 8,82 EUR
   Hauptgang   = 2,26 EUR   100 % − 8,82 EUR
   Nachspeise = 0,47 EUR   123 % −   x EUR = 10,85 EUR
                 3,92 EUR   100 % − 10,85 EUR
                           115 % −   x EUR = 12,48 EUR
                           100 % − 12,48 EUR
                           116 % −   x EUR = **14,48 EUR** Inklusivpreis

3. 10,85 EUR − 8,82 EUR = **2,03 EUR** Gewinn

                                      Lösungen zu den Rechenaufgaben

691. Aufgabe

a) Warenanforderung für 20 Personen:

5,000 kg Auberginen, 50 El Olivenöl, 3,000 kg Tomaten, 1,000 kg Zwiebeln, 3,000 kg Lamm- oder Rinderhack-fleisch, 10 El Tomatenmark, 500 ml Weißwein, 15 Eier, 150 g Mehl, 200 g Butter, 500 g Hartkäse, 10 El Panier-mehl, 10 Knoblauchzehen, 5 Prisen Zimt, 1,875 l Milch, 15 Tl Zitronensaft, Salz, Pfeffer, Oregano, Muskatnuss.

b) + c)

MERKE:

Der Kalkulationsaufschlag ist die Summe aus Gemeinkosten, Gewinn, Umsatzbeteiligung für Service und MWSt. Die Differenz zwischen Materialkosten und Inklusivpreis nennt man Gesamtaufschlag und wird in % aus-gedrückt.

Verkürztes Schema:

Materialkosten	100 % –	4,50 EUR
+ Gesamtaufschlag	+ 156 %	
= Inklusivpreis	= 256 % –	**11,52 EUR**

$$\frac{4,50 \times 256}{100} = 11,52 \text{ EUR}$$

d)

Eiweiß	56 g × 17 kJ =	952 kJ
Kohlenhydrate	32 g × 17 kJ =	544 kJ
Fett	70 g × 39 kJ =	2 730 kJ
		4 226 kJ

---

692. Aufgabe

Das Einkaufsgewicht für ein Rippchen beträgt 185 g.

---

693. Aufgabe

a) 600 g Pellkartoffeln : 4 = **150 g**
   Butterschmalz = **16 g**, Zwiebeln = **15 g**, Speck = **8 g**

b) 6 750 g Pellkartoffeln : 150 g = 45 Portionen
   16 g × 45 Portionen = 720 g Butterschmalz
   15 g × 45 Portionen = 675 g Zwiebeln
    8 g × 45 Portionen = 360 g Speck

---

694. Aufgabe

a) aktuelle Preise erfragen und berechnen
b) 11 g × 39 kJ = 429 kJ

Stichwortverzeichnis

Die Zahlen hinter dem Stichwort weisen auf die Aufgabennummer hin.